Meters
Series
11

Feeding the
Rat

Al
Alvarez

Words
72,373

Pages
224

7.4 x 5.04
inches

餵鼠

鄭煥昇＝譯

詹偉雄＝策畫・選書・導讀

臉譜

meters

「食人魔峰」拜塔布拉克峰（'The Ogre' Baintha Brakk）

各界讚譽

「登山渴望，如鼠竄動；餵之養之，駕之御之。」《餵鼠》寓意尚不僅於此。野外諸鼠能單打獨鬥，亦能群策群力完成目標；早年登山團體倡導的「夥伴關係」，從本書內容能略窺一二！

——伍元和／台灣山徑古道協會理事長

作者將「登山渴望」形容成「餵鼠」(feed the rat)？想必，挑戰高峰者都具有類似特質！且對此慾望的擴張是自然而然，即使不登山只是在山腳下或基地營靜靜望著那矗立天際的金字塔，內心就已盤算著下回要到更壯麗、更高聳、更驚險的地方。或許會慘不忍睹、再回不來，但他們始終明白：「在山上做喜歡的事做到死，總贏過在醫院的病床上發臭死掉！」

——江秀真｜台灣福爾摩莎山域教育推廣協會理事長

這本書的名字很快就撬動我，那是一種隱喻，我想的是大自然一直在餵食我們，讓填飽心靈的下一刻就又是起點，不斷尋找更多的能量。好奇心是生命的根，卻會隨著年齡增長與有無勇氣增加探險經驗來延續，然而冒險故事最值得的就是需要自己經歷痛苦及艱難的過程，並親自解決問題的機會與相信自己的可能下，所反饋的內在價值，很像告訴自己又上了一個階梯，運氣好的時候，能踩在死亡的大門前，喊個兩三聲後，讓微笑帶著自己回到人間留下痕跡。我常思考如何給予下一代勇氣與態度，提醒自己少一點焦慮的情緒，能夠吸引他們的是內在的美感，找尋那種對未知事物的毅力果實，也鼓勵考驗自己意志力的火器，漸漸地享受愛上翻岳後的時刻。

——呂忠翰｜世界公民兼探險家

我們總是喜歡聽某種「之最」的成功故事，《餵鼠》的主角講述一個登山攀岩領域中平凡而又專業的好手，他沒有把興趣與熱情當成養活自己的職業，也沒有拚命從事其他工作賺錢以便滿足業餘的興趣。餵鼠其實就是內在源源不絕的驅動力，不是為了出名也不連結利益，在技術與經驗上的追求，從事冒險的過程即已完成，不論成功或失敗，簡單純粹。讀者在閱讀的同時，也能與主角有限的生命共鳴，單純而當下的相遇。

——徐銘謙｜台灣千里步道協會副執行長、資深步道師

強大而謙遜的莫．安東尼上山追求的並非名聲，而是「在神與人之間」：既能觸碰自己的極限挑戰未知，餵飽心中那隻不斷啃咬自己的老鼠，又能和喜愛的朋友們一同出遊，享受過程的每一刻。在商業利益掛帥、八千米乃至全球高峰幾乎變質為資產階級高級打卡點的當代，又有多少人能像莫一樣享受過程、在乎隊友，乃至於無論遇到多大災難，也從來沒有隊友喪命？

為什麼登山？或許莫的人生，這本世界山岳文學經典，會是一個最樸實、真摯的解答。

——雪羊視界｜山岳作家

不論是對那些喜愛登山或攀岩，或者好奇登山家為何而攀，抑或是不愛登山只愛讀書的人，艾爾．艾佛瑞茲的《餵鼠》都將帶給你一次集探險、幽默與絕佳寫作技巧於一書的閱讀饗宴。

——夏偉（Orville Schell）｜美國知名作家暨記者

登山與現代——meters書系總序

詹偉雄｜meters書系總策畫

現代人，也是登山的人；或者說——終究會去登山的人。

現代文明創造了城市，但也發掘了一條條的山徑，遠離城市而去。

現代人孤獨而行，直上雲際，在那孤高的山巔，他得以俯仰今昔，穿透人生迷惘。漫長的山徑，創造身體與心靈的無盡對話；危險的海拔，試探著攀行者的身手與決斷；所有的冒險，顛顛簸簸，讓天地與個人成為完滿、整全、雄渾的一體。

「要追逐天使，還是逃離惡魔？登山去吧！」山岳是最立體與抒情的自然，人們置身其中，遠離塵囂，模鑄自我，山上的遭遇一次次更新人生的視野，城市得以收斂爆發之氣，生活則有創造之心。十九世紀以來，現代人因登山而能敬天愛人，因登山而有博雅情懷，因登山而對未知永恆好奇。

離開地面，是永恆的現代性，理當有文學來捕捉人類心靈最躍動的一面。

山岳文學的旨趣，可概分為由淺到深的三層：最基本，對歷程作一完整的報告與紀錄；進一步，能對登山者的內在動機與情感，給予有特色的描繪；最好的境界，則是能在山岳的壯美中沉澱思緒，指出那些深刻影響我們的事事物物——地理、歷史、星辰、神話與冰、雪、風、雲……。

登山文學帶給讀者的最大滿足，是智識、感官與精神的，興奮著去知道與明白事物，渴望企及那極限與極限後的未知世界。

這個書系陸續出版的書，每一本，都期望能帶你離開地面！

推薦序

攀登才沒那麼多名堂

張元植

“Feeding the rat”是個流傳於歐美本格攀登者間的諺語，意為出發攀登，滿足內心的騷動與渴望。初次聽到這比喻覺得真是太傳神了，但一直不知這話的出處，更不明其內涵。

閱畢這本小品，掩卷深思。

許多攀登文學或傳記，或有意或無意，都在復刻某種「宏大探險」的敘事。裡頭的角色們普遍具備超人或英雄特質，而他們的經歷，就像在演好萊塢冒險電影。「攀登」，似乎是種展示不俗人生的舞台。

一九七七年，巴基斯坦，海拔七千多公尺令人望而生畏的食人魔峰上。當克里斯·

鮑寧頓忍著斷裂肋骨刺進肺部的疼痛，咳著因感染而顏色詭異的濃痰，邊踉蹌垂降求生，尚且不忘這段經歷是回去寫書的絕佳素材。在一旁默默護送下撤的莫．安東尼，也就是《餵鼠》的主人翁，在家鄉媒體事後的報導中，只以「鮑寧頓的快樂夥伴」的形象隱名出現。

不過who cares？他的確就是「快樂夥伴」。對他而言，攀登才沒那麼多名堂。既非啟迪人心的偉大追求，也不是為了什麼頭銜或紀錄。單純只是餵飽內心那隻騷動的小鼠，是生活中一個找樂子的消遣罷了。就跟每一個平凡人生沒什麼不同。

正因如此，少了公眾目光凝視下的展演，少了名利的算計，攀登高峰，其實就跟「三五好友一同出遊」一樣簡單。人跟人之間也才得以回歸純然的夥伴關係，在惡劣環境中互相扶持。這正是極限攀登中，人性最可貴的品質。

《餵鼠》就是這麼一本關於「登山者心目中的登山者」（climber's climber）的書。攀登一事，在這樣的攀登者身上，沒有那些冠冕堂皇的辭藻，它就是一種生活方式。

導讀

你墜落了，你辯證了，你澄明了……

詹偉雄

To snuff it without knowing who you are and what you are capable of ..... I can't think of anything sadder than that.

在不知道自己是誰，也不清楚自己能力極限在哪裡的時候就嚥下了最後一口氣，我想不到還有什麼比這更悲哀的事情

——莫．安東尼（Mo Anthoine，一九三九～一九八九），英國登山家，引自本書第二一〇頁

Though man lives by habit, what he lives for is thrills and excitement.

The only relief from habit's tediousness is periodical excitement.

雖然人類依賴習慣而活，但他們生活的目的是追求刺激和興奮。唯一能緩解習慣帶

來的乏味之方法，就是定期的興奮。

——威廉・詹姆斯（William James，一八四二～一九一〇），
美國十九世紀實用主義哲學家

Within a month of intense life in the mountains is going through so much, what used to be a period of several years; This is an occupancy for people greedy for life - human life is not enough.

在山中度過一個月的緊張生活，經歷的事情相當於以前幾年的時間；這是一種對生活貪婪的人所追求的體驗——人的一生是不夠的。

——亞捷・庫庫奇卡（Jerzy Kukuczka，一九四八～一九八九），
波蘭登山家，世界第二位完登十四座八千巨峰者

每本山岳文學，都有一種本領——讓它的讀者徹頭徹尾地了解幾座山，即便這位仁兄或女士僅是躺在沙發上目不轉睛地閱讀而已。這種穿梭於兩者之間的神祕溝通技藝發

端自身體，山岳作家的身體召喚他手上的筆，將肌肉與神經記住的遭遇說成故事，讀者的眼球讀了，以虛擬實境的想像力，讓神經與肌肉復原出一定程度的緊張和興奮，於是眼前就是斷崖，伸手就是冰晶，風強雪急，一個踉蹌，就是墜落；當然，讀者是死不了的，但他餘悸猶存，因而心生敬畏。

這本《餵鼠》的核心故事，一樣能讓你記住一座大山——「食人魔峰」（The Ogre），但它之得以成為英美山岳文學的經典之作，表示它的能耐卻又不限於此。確實，如果你把整本書都讀完，記憶中還會有某種難以描繪的倫理學命題的事物，像是金沙或銀粉在鉛字群裡暗暗發光，在此，容我們稱其為「老派登山家」（借用台灣登山思想家伍元和之語）的性靈風範，值得讀者細細思量。

首先，「食人魔峰」在哪裡？

盤踞於中亞和巴基斯坦境內的喀喇崑崙（Karakoram）是世界最高聳的山脈，在它綿延三百英里的範圍裡，平均海拔達到兩萬英尺（六千一百公尺），其中兩萬三千英尺（七千公尺）的山頭超過六十座，而在K2（世界第二高峰，八六六一公尺）的周遭，更是地表兩萬六千英尺（七千九百公尺）以上山峰最密集的區域，比尼泊爾的喜馬拉雅山群更極端。在人類活動史裡，它因地理位置的荒遠而最晚受到探險者的青睞，隨著人類世科技發明、資本累積、冒險技藝的增進，這塊由黑色針尖山頭（在中亞突厥語中，「Kara」是「黑色」之意，而「kurum」是「石頭」的日常用語）織錦的神祕區域，也在二十世紀逐一揭開面紗。但即便高海拔登山的探照燈投向了這裡，許多最高的山峰（例如K2與加舒布魯一號至四號峰〔Gasherbrum I~IV〕）一一地踏上了人類的足印，喀喇崑崙仍有著無數的處女未登峰、大岩壁和新路線，吸引著全世界獨孤求勝的登山者，來此冒險一搏。

一九七七年，《餵鼠》這本傳記書的主人公莫．安東尼（Mo Anthoine）便加入了由道格．史考特（Doug Scott）和克里斯．鮑寧頓（Chris Bonington）發起的一支遠征隊，他們的目標是喀喇崑崙中堅地帶、比亞福（Biafo）冰川的最高點「食人魔峰」，當地語稱拜塔布拉克峰（Baintha Brakk）。魔峰的海拔不是頂尖，只有兩萬四千英尺（七二八五公尺），但它的山體十分陡峭，由南壁直下底部冰河的垂直落差有九千八百英尺（三千公尺），它的山巔與幾座副峰交織，構成一副猙獰的面貌，因而被一八九二年首度來比亞福冰川探勘的馬丁・康威（Martin Conway）男爵命名為「食人魔峰」（後續發現證實康威的發現為冰川旁的第一峰，真正的山系最高峰在其身後，因而此一標高六四二二公尺的山峰被稱為「康威的食人魔峰」（Conway's Ogre））。在一九七七年之前，有三支隊伍曾對它發起突擊，但都鎩羽而歸。史考特和鮑寧頓在該年的七月首度登上了魔峰峰頂，最後一百米是近乎垂直的岩壁攀登，但他們在下山的過程中遇上了大麻煩，先是史考特在第一段垂降時失足墜落，繩索將他拉住後重重地甩向一道岩溝，兩腳的腳踝都骨折而無法行走，接著是鮑寧頓在另一段下降時重擊摔傷，折斷了兩根肋骨，而且咳出大量黃色的痰，隱約有肺水腫的不妙徵兆。

這一趟遠征眼看著將以不幸告終——有兩名行動出問題的隊員，距離山下的基地營還有三千公尺的高差，要橫渡好幾面的岩壁，又要跋涉長距離的雪原，而且眼前風暴不止，糧食耗盡。但最終的結局能以喜劇收場，多虧的是隊伍中的兩名放棄攻頂的同伴——莫・安東尼和克里夫・羅蘭茲（Clive Rowlands）。他們在前隊攻頂時埋伏在主峰下的雪洞裡，伺機而上，但在聽到史考特失足的慘叫後，便明瞭眼前的任務已完全改變，在接下來的八天時間裡，兩人在激烈的暴風雪中引路前行，從低地營挖出一盎司的甜糖，照顧兩位受傷隊友回到基地營，史考特因無法走路，穿上三條長褲跪著爬行，抵達底部冰川上時雙膝都已血肉模糊。原本在營地留守的隊員以為他們都已經遇難，先行撤退，莫・安東尼接著走了兩天兩夜的冰河石磧路到達最接近的村落，召集挑夫前往營地，解除了兩名隊友的死亡警報。

當遠征隊回到了英國，首登魔峰的紀錄加上一週史詩般的下山故事，吸引了所有媒體的注意，一時之間道格與克里斯成了風雲人物，但援助他們也失去攻頂機會的安東尼和羅蘭茲卻完全在新聞中占不到一席之地。兩人都不以為意，安東尼甚而更偏愛這種光環之外的自在，但身為好友的本書作者艾爾・艾佛瑞茲（Al Alvarez，一九二九～二〇一九）則不以為然，他在一九八八年四月十日出刊的《紐約客》雜誌寫就一篇傳記體長文〈餵鼠〉（Feeding the Rat）——亦即本書（同年出版）的濃縮結晶——試著為老友扳回一些公道，那時莫・安東尼腦瘤復發，年長十歲的艾佛瑞茲顯然想為他留下一些紀錄，讓世人認識這位不在光環內的另類英雄故事。

事實上，艾佛瑞茲的故事一樣有趣，他也是一位登山攀岩的愛好者，如果莫．安東尼的能力是A級——不僅是魔山，還包括川口塔峰（六一八五公尺）首登、加舒布魯四號峰的閃亮大岩壁以及聖母峰無人走過的東北脊（兩者皆功敗垂成），那麼艾佛瑞茲也有C+，足以在英國的文藝中年登山行伍裡鶴立雞群。安東尼靠著開設戶外用品公司、販賣自己開發的岩盔和攀登器材來籌措遠征經費與營生，而牛津大學畢業的艾佛瑞茲則是斜槓型的多工者，他是「英語」研究的權威，曾經到美國普林斯敦大學教書，後來被《觀察者報》（*Observer*）延攬為詩歌編輯。他是土生土長的倫敦人，但因為父母親是西班牙血緣的猶太人，因此終身不見容於牛津／劍橋的正港英式學術圈，當然，他也常對學院語多挑釁，嘴中和筆下都不留情面。和窮光蛋身世、好幾年浪跡天涯的莫不同，艾佛瑞茲經營產業的父母為他留下豐厚遺產，一直到他去世（二〇一九年）之前，他的豪宅中始終完備著一整套的僕役與管家，以及無數的藝術收藏。最常造訪他家的晚年摯交是間諜小說家約翰．勒卡雷（John le Carré），而被他寫入暢銷書《冒險事業：書籍、撲克、消遣、人物》（*Risky Business: Books, Poker, Pastimes, People*）之中的極限挑戰者之一是他的鄰居：奧地利鋼琴家阿爾弗雷德・布蘭德爾（Alfred Brendel）。

莫・安東尼與艾爾・艾佛瑞茲都自認自己是「局外人」（outsider），但他們心裡頭應該都清楚，就自身所鍾愛的事物而言，他們的創作應該比絕大多數「局內人」（insider）都高上一大截。莫可以縱情生命於山水，但艾爾是廣義的文化人，他雖然不愛社交，但卻具備強大的鬥性。他創作力驚人，一生寫了二十本書，其中有虛構小說、文化研究和嚴肅的文學批評，讓他聲名鵲起的評論幾乎都是攻擊性的，以證明自己對英國文學的影響力超越高談闊論的圈內人。譬如他於一九六二年編撰的英詩全集《新詩》（*The New Poetry*, 1962），在導言中，艾佛瑞茲是這麼開場：「倫敦老男孩圈子可以是愚蠢的、寄生的和自負的」（The London old boys' circuit can be stupid, parasitic and conceited），「這本書為我招來更多敵人，但這是我故意的，這是一種對他們的不屑一顧（it was a kind of fuck them）」。身為編輯者，艾爾心裡可是有一套牢固的倫理學標竿的，於他而言，藝術不是十九世紀古典詩人華滋華斯（William Wordsworth）那般平靜的作品，而是痛苦、憤怒和自我毀滅的白熱化產物，因而在這本詩選集裡，他貶抑當時主流的田園風哈代學派，反倒頌揚泰德・休斯（Ted Hughes）這位冷門詩人，最後甚至捲入了休斯與美籍女詩人妻子西爾維亞・普拉斯（Sylvia Plath）的痛苦婚姻關係之中。

莫・安東尼與艾爾・艾佛瑞茲的另一個生命共同點，是他們都認為生命的依據並不是先驗的、追尋的，而是遭遇的、生成的（being as becoming），在人還沒有起身去過生命之前，人生其實是不存在的。因此，冒險就成了兩人生命史裡面共同的主旋律，成為不可或缺的心靈深戲（deep play）。兩人的首度相識，發生在一九六四年兩人相偕攀登義大利北方阿爾卑斯多洛米蒂山區，受風雪襲擊受困在一個高處懸岩上，必須度過寒冷的一晚（本書第二章）。當時感受到寒氣刺入骨髓的艾爾以為自己死定了，而小他十歲的莫卻老神在在，帶著作者跨過人生邊界；讓艾爾刻骨銘心的另一趟，則是讓莫帶他重新去爬一處艱難的岩場「霍伊島的老人」（The Old Man of Hoy）（本書第十章），這時艾佛瑞茲已經五十六歲，準備高掛登山鞋了，沒想到這一趟攀登，作者心中的那隻老鼠胃口又被養大了，他看著年紀小他十歲的莫如此輕鬆寫意，內心百感交集，沒想到不過四年，莫便撒手人寰了。

艾佛瑞茲的一生都在跟「意義感」這個概念搏鬥，他在年輕時非常崇拜小說家勞倫斯（D. H. Lawrence），以至於在二十七歲時與宗師的遺孀弗雷妲・勞倫斯（Frieda Lawrence）之孫女烏蘇拉・巴爾（Ursula Barr）結婚，一心以為如此便與小說家建立了隱性的師徒關係，沒想到這場婚姻是場悲劇，艾爾數度想自殺，五年後以離婚收場。一九六三年，好友女詩人普拉斯因憂鬱症自殺，艾佛瑞茲將她的故事與自身經歷寫成《野蠻的上帝》（*The Savage God*, 1971）一書，是研究現代自殺行為的先驅之作。而他總結自身失敗的婚姻，也寫出另一本暢銷書《婚姻之後》（*Life After Marriage*, 1982）。他也寫撲克牌賭博而成另一本經典的拉斯維加斯研究《城中最大遊戲》（*The Biggest Game in Town*, 1983），能寫出這報導文學的背景，當然也因他真的是一位箇中好手。當他在一九八八年出版《餵鼠》之時，艾爾已經是有名望的大作家，《紐約客》也前所未有地給了他二十六頁篇幅，讓莫・安東尼獲得了隆重的注目禮，他確實做到了他做為文化圈反骨的自我期許：成為一位讓菁英、大眾與自己都備感意外、又深深期待的艾爾・艾佛瑞茲。

「餵鼠」這個詞彙則是莫・安東尼的發明，艾爾用這個生動的意象做為莫・安東尼傳記的標題，顯然他也是折服的。莫不像艾爾讀過大小文學經典，但他是一個直面生活真相的人，他感覺到自己身體內有一個分身，三不五時地對理性的大腦呼喊：找一些危險來餵我吧！對莫而言，「餵鼠」是一種給自己的年度健康檢查，生命過得有沒有意義，不是完成了多少社會與大眾期待你的任務，而是自己有沒有來到生死界線，魂魄有無放大，內心的那頭老鼠或蠻人，有沒有得到滿足。

光從字面上看來，讀者很容易就會認為莫．安東尼是一個極其魯莽之人，但細讀這本書你卻會發現實情正好相反：為了餵飽心中那頭老鼠，冒險者要為冒險做好各種準備，而且在過程中嚴守紀律，「那就像是在下西洋棋，棋盤對面坐著你的肉體」。在他短暫的五十載人生中，與莫．安東尼一齊爬山、冒險的隊友從沒發生過致命事故，而更難能可貴的是他絕口不吹噓自己的事功，這在上世紀八〇年代開啟的大山競逐紀元年代裡，無疑地是老派得不能再老派的一種風範。

反倒是——在朋友眼中——艾爾．艾佛瑞茲的武勇之心，比起莫來莽撞許多。除了登山之外，他喜歡打撲克、開快車，在六〇年代他帶隊攀岩之時，一位老隊友麥克諾特—戴維斯（Ian MacNaught-Davis）說這位隊長很喜歡「墜落」（falling），讓自己被繩子拉住後彈起來嚇隊友們一跳。艾爾也超愛面對挑戰，大學時著迷拳擊和橄欖球，看過他照片的人都難忘記他的面容，有一顆高聳的額頭和山脊轉彎的鼻子，那便是在一場青年拳賽中挨上一記重拳的結果。他曾經對後來撰寫他訃聞的作者說過：攀登是另一種形而上的拳擊（pugilism），一場面對面的決鬥（a duel）。當然，你也可以說，艾爾面對的山和岩壁，比莫所面對的小兒科太多了，相對安穩的生活足以支持他這種激進的生活態度，但如果我們站在艾爾的角度設想，他的主要人生場域是唇槍舌劍、冷嘲熱諷的文化圈與文學界，如果沒有一點點粗野和狂放，他如何安頓抑鬱不安的靈魂？對他來說，攀登何嘗不是一種對社會的小規模、玩世不恭的反叛，所以當他遇見無政府、反文化、原始赤裸的莫・安東尼之時，會如此地一見如故。莫在年輕歲月作過環遊世界的大夢，為了待在澳洲，他進了一家石棉工廠打工，為了爬巴基斯坦大山，他走私綠松石籌措旅費，在艾爾的眼中，莫的人生知識不是從書本而來，是從人與萬物的交往而來。當讀者讀完這本《餵鼠》甚至會有一種感受：夙有「博學作者」稱號的艾爾真心地認為——莫才是他心中道地的博學者。

《餵鼠》出版迄今已經三十六年，主角和作者都已不在人世，除了山脈和巨峰仍然屹立在地圖的那些角落，世界登山社群的價值倫理也經過天翻地覆的熱議：收集未登峰、處女航跡、競逐年度金冰斧獎，到底是對自己有意義，還是透過「對別人證明」自己更有意義？攀登山岳開著網路直播，經營網紅社群聚攏人氣，與十九世紀初來乍到喀喇崑崙探勘者的純淨心思相比，收穫了多少又失去了多少？

透過兩位登山者的忘年交誼，莫與艾爾不約而同地揭櫫了他們心中的倫理學面向——生活裡，那些是善，而這些是惡；這些道德判斷交織在《餵鼠》的攀登故事中，不止牽動他們的運動行止，而且構建了他們有況味的人生。在這失去準繩的年代裡，這本書提供的是一種有冷冽、清新空氣的閱讀，足以讓海島的腦袋與思維澄明——我是這麼認為！

再次獻給莫與潔姬

引言
Introduction

克林特・威利斯｜Clint Willis[1]

我們，很可嘆地，活在一個由職業選手構成的時代。就連奧林匹克，這個曾經是業餘運動精神最後的堡壘，也已經不支而淪陷：曾幾何時奧運金牌就是奧運金牌，它就是它本身的意義所在，而我們現在對那是何種純粹的感覺，已經想不太起來。菁英級的登山，也同樣地已經成為一種職業與準職業登山者的禁臠：男男女女的贊助與書約，都繫於他們攻頂履歷表上的傲人表現。至於會與這些職業登山者一起走在山坡上的，則盡是

1 克林特・威利斯（Clint Willis）是一位作家和編輯，作品曾獲提名美國國家雜誌獎（National Magazine Award）和班夫山岳文學獎（Banff Mountain Literature Award），著有《聖母峰的男孩們》（*The Boys of Everest*，暫譯），另編有四十多部關於攀岩、旅行、政治、宗教和戰爭等主題的書籍。（本書註釋若未特別標明，則皆為中文版譯者註及編按。）

些錢不是問題的素人，他們以重金禮聘專業嚮導相陪，就是為了一償挑戰高海拔山巔的夙願。

凡此種種，都在安全性與登山倫理上有著不小的爭議。而同時在登山活動不斷商業化的過程中，許多觀察家都有一種在看星光熠熠的美國夢幻隊痛宰西班牙的頂尖籃球員的既視感。

在這種讓人往下沉的感覺中，《餵鼠》（*Feeding the Rat*）不啻是一帖把人往上拉的解藥。莫．安東尼（Mo Anthoine）偶爾會賺點外快，靠的是幫人拍登山照，或是替電視跟電影客串一下特技演員。但他並不為了利字爬山——甚至也不為了出名爬山。他從來就沒出過名，但他確實在他的朋友之間闖出了點名號，特別是有些人心知肚明，莫就是一種稀有動物般的存在：登山的好夥伴。

說起登山的好夥伴，需要融合一組特定的特質。莫很大膽，而且這種大膽有著想像力的陪伴。更棒的是，他的想像力很值得人依賴：安東尼流的想像力可以面對某一段落的山，確認出一種最可行或最有趣的攀爬手段。

登山的好夥伴必須技術夠高超，身心夠強悍，如此他發想出的決定不論再大膽，都不會流於空談。他必須十分開懷，至少在山裡必須如此，發自內心的開懷能讓他在風險的面前展露出睿智。他會權衡風險與潛在的報償，並適時克制自身最不理性的慾望；他會遠離太過危險的攀爬。他開懷的心態會讓他表現出耐性與風趣，同時他的能力意味著他多半可以在距離最近的道路有三到四天路程的蠻荒之地，救慘摔在那兒的你一命。

登山的好夥伴會與攀登談戀愛——這包括攀登中的美麗、困難、出發與回返，乃至於山本身與山擁抱你的胸懷。他熱愛登山時的同志情誼——這意味著他熱愛他的搭檔，至少對值得他如此看重的夥伴而言，他該給的尊敬一定不會少給。

《餵鼠》認為莫·安東尼集上述所有特質於一身。莫有些做為登山者的特色，在一九七七年的「食人魔峰」(Ogre)[2]之行中盡顯無遺，須知他在這趟登山史上的著名史詩攀登中，扮演的是領頭的無名英雄。成千上萬的山友與沙發登山家都知道道格·史考特

2 拜塔布拉克峰（Baintha Brakk）的別稱，因其困難得名。

(Doug Scott)與克里斯・鮑寧頓(Chris Bonington)在從食人魔峰頂開始下山的時候，史考特跌斷了兩條腿，也知道他們在那之後從很嚴重的困境逃出生天，但沒幾個人知道安東尼也與他們同行，遑論有人知曉從意外發生處帶領登山隊艱難地下到基地營的那個關鍵人物，正是安東尼。

即便是在與其偶爾的登山搭檔艾爾・艾佛瑞茲同行，那些沒那麼轟轟烈烈的攀登中，莫的人格特質也一目了然。這對夥伴曾共同在山間度過了漫長而寒冷的一夜(兩人熬到早上都凍傷了)，當時他們是去爬義大利的多洛米蒂山脈。天色將暗之際，他們發現他們距離登頂還有五百英尺，於是兩人野營在了離地一千三百英尺處，一個僅十八英寸(約四十六公分)寬的岩階上；從那兒他們親耳聽見了鄰近一個瀑布結凍的過程。艾佛瑞茲記憶中的那一晚，會比你光看這些字句所以為的溫暖。

> 在他的鼓舞下，我背誦完了整首帶些改編的《愛斯基摩人妮爾之歌》[3]，藉此殺掉了半小時的時間，然後當我想要抱怨，因為我們受困處的岩階實在

有夠小的時候——兩人都只能一邊屁股在岩階上，另一邊懸空——莫只不過說了一句「這個嘛，人不能什麼都要嘛」。那是我這輩子坐著度過最寒冷的一夜，也是很不舒服的一夜，但絕對不是最灰暗的一夜。

不過反過來講，安東尼也很幸運能有這麼一位搭檔。艾佛瑞茲本身也是一個「登山者心目中的登山者」[4]，只不過與安東尼相比，他所提供的是另外一個層面的東西：他熱愛登山，熱愛到每逢週末或假期都會到山上報到，四十年左右如一日，直到有回登山受傷讓他這種旁人難以想像之熱情變得難以為繼。安東尼也在艾佛瑞茲身上找到了一名優秀的傳記作者：艾佛瑞茲既是一個懂得安東尼為什麼登山的朋友，也是一名能把他懂

3 The Ballad of Eskimo Nell。這是一首來源不詳，且帶有一點「顏色」跟韻腳的詩歌，故事裡有三個主角：死眼迪克（Deadeye Dick）、他的狐群狗黨墨西哥人彼特（Mexican Pete），還有一個他們在旅途中結識的女人，名叫愛斯基摩人妮爾。詩裡頻繁使用與身體部位有關的詞彙，聽了頗讓人莞爾。

4 A climber's climber，愛山之心與登山觀念在山友間獲得肯定與尊敬的登山者。

了什麼傳達給我們的傑出詩人、評論家與作家。

《餵鼠》（本書在一九八九年的出版，讓餵鼠[5]一詞進入了登山的語彙中）提醒了我一件事情：每一個登山者私藏登山這項運動，就像一名讀者私藏一本好書——他們的理由都無需對人解釋，也不可能有清楚的解釋。莫在山間所獲得的快感，無關乎任何人的期待。他一邊享受著登山，一邊也成就了《餵鼠》一書，讓人看了這本書便想去登山——而且可以的話，身邊最好有個像莫．安東尼或艾爾．艾佛瑞茲的夥伴。

5 Feeding the rat，指的是登山的渴望就像內心有隻無形的老鼠，你必須不斷地去餵養牠。

1

蘭貝里斯
Llanberis

蘭貝里斯這個潮濕的小鎮，被擠在帕達恩湖（Llyn Padarn）那並不親人的水域與威爾斯最高峰斯諾登山（Snowdon）山麓矮坡的綠草如茵之間。在小鎮的東側，氣派的皇家維多利亞飯店對面，有一個火車站，而每到夏季，就會有滿載遊客的小火車從站內開出，緩步而吃力地駛向斯諾登山的山頂，山頂上有一間幽暗的咖啡廳，還有讓人心曠神怡的美景。因著斯諾登山與通往山頂的鐵路，蘭貝里斯有了半打的飯店與起碼一打的客棧，外加多家紀念品店，跟有個鋪子專賣威爾斯的手工藝品——主力是羊毛與羊皮——再就是有間雅緻的館子叫Y餐酒館，內有一名主廚胸懷大志，還有一本菜單雙語並陳，上有英文與威爾斯語。

只不過扣掉鐵路與山巔，蘭貝里斯就沒太多可以吸引遊客的賣點了，尤其是那個天氣基本上都是糟糕透頂，讓人不敢恭維。在蜿蜒的主街上，有著三角山牆屋頂的骯髒排屋家戶多過骯髒的三角山牆屋頂商鋪，至於酒館則冷冷清清而毫無動靜。賣炸魚薯條的店家有兩家，做中國菜外帶的有一家，再來就是「彼特小吃」這家窗戶永遠冒著一層蒸汽的咖啡廳，那兒有可口的培根三明治跟品脫馬克杯裝的濃茶供應。

除了月復一月的降雨給了房子像在守喪且掛著淚痕的外表外，蘭貝里斯的家家戶戶還有一個共通點：奉市鎮法令之規定，那每一棟房子都要用板岩瓦片排出整整齊齊的屋頂。這年頭，這些屋瓦大多是由外地引進，但曾經在長年的歲月裡，本地人的屋頂石材主要來自於像梯田一樣遍布在帕達恩湖對面山丘上，那一個個廣大的板岩採石場內。惟這些採石場在一九六九年關閉後，帕達恩湖上建起了水壩，水力發電廠被深深地蓋在了曾有板岩被劈砍出來的山丘底下。通往諸多發電機的隧道在夜裡被照得明亮，你開車進鎮上時會看到湖面上閃耀出詭異的光，就像核子災害電影裡那些用來建立世界觀的鏡頭。採石場一關，蘭貝里斯就成了一個一蹶不振的地區，有著即便在威爾斯都算高得出格的失業率。如今在夏天，當地最大的雇主成了斯諾登鐵道；而在不是夏天的其他月份裡，蘭貝里斯最大宗的就業機會來自一家叫做斯諾登模具（Snowdon Mouldings）的企業，其目前的員工人數是二十三。

斯諾登模具的老闆是莫・安東尼（Mo Anthoine）與他的妻子潔姬（Jackie），而他們持續穩定成長的生意始於一九六八年。當年，莫與英國登山界第一把交椅喬・布朗[6]開始在蘭貝里斯鎮上的布朗自家地窖，生產起了喬・布朗牌的登山用安全帽。該公司逐漸擴張到鄰近的一棟小木屋，然後又拆分到了蘇格蘭高地上一間改裝過的小教堂，主要是莫將業務跨足到了冰斧產品上，而如今公司又回到了蘭貝里斯另外一間改裝過的小教堂，這次的教堂要大上許多，畢竟公司現在要經營的產品範疇又更大了，包括帳篷與各種戶外穿搭都被納入了擴張後的產品線。

除卻Y餐酒館與不遠處的斯諾登山以外，蘭貝里斯還有另外一個旅遊景點：喬・布

6 喬・布朗（Joe Brown，一九三〇~二〇二〇），全名喬瑟夫・布朗（Joseph Brown），英國戰後世代傑出登山家之一，於五〇、六〇年代活躍於攀登界，亦為一九五五年首登世界第三高峰干城章嘉峰的登山隊成員。於二〇一一年獲頒大英帝國司令勳章（CBE），表彰他對登山運動的貢獻。

朗的店鋪。這地方不大，但靠著其板條地板與去皮松木的內裝，視覺上你會覺得此處有超乎其實境的豪華感。同樣加分的還有店裡的商品：收納櫃裡滿滿的羽絨外套，架上層層疊疊的睡袋與要價不菲的毛衣，一箱箱排滿整個房間的登山靴，一圈圈從天花板垂下的亮彩繩索，讓整面牆壁被掛得像在「張燈結綵」的鉤環、岩楔、岩釘、繩環與（滑石）粉袋，外加書架上一本本登山指南與分門別類的登山文獻。由此那兒對山友而言，就彷彿是阿拉丁發現神燈的那個洞穴，以至於每逢週末，特別是天氣不好的週末，店裡動輒就會擠入滿懷憧憬的年輕人，貪婪地想要染指各種商品，並且用登山界獨有的那種言語謹慎而且莫名帶點火氣的口吻在說著閒話。

雖然蘭貝里斯已經不再是英倫諸島的主要板岩來源，但它仍是英國登山界的重心。長年以來，本地的威爾斯人口持續獲得英格蘭青年人的流入挹注——其中大部分出身北英格蘭，且全都是沒有人逼，自願成為的國內浪人，就像俄羅斯國內的那些異議分子一樣——他們跑到那裡去爬山，然後就此待了下來，並為了養活自己開始打起零工。由於登山者做為一個群體往往具有高度的幹勁，且兼具能力與獨立性（不能幹或不獨立，你要怎麼在山裡活下去），因此他們不論打起什麼工，往往表現得都挺不錯。

而也正是因為這一點，水管接線、木工、砌磚、鋪設屋頂，還有裝潢等活兒一到了蘭貝里斯，不只是物美，比聯合王國別處價廉更是一定的。唯一的問題是：登山先於賺錢，所以天氣一好，作業就會停滯不前。

自一九六六年以來，莫・安東尼就一直以南特佩里斯（Nant Peris）[7]這個村子為家——說是村子，其實也就是一處教堂、一家酒館、一間雜貨店，還有散落的幾戶民宅——距離蘭貝里斯約兩英里（約三點二公里）遠。他現年四十八歲（本書寫於一九八八年），一團亂髮正開始從邊緣處變灰。他個頭不高——精確地說是五呎七吋（約一七〇公分）——而且身材有點上面大下面小：厚實的胸膛，粗得像樹幹的雙臂，意外細瘦的「鳥仔腳」。他的肩膀肌肉——三角肌與背闊肌——極其發達，以至於他的雙臂一伸展，看的人就會覺得他要像鳥一樣起飛了似的。他的脖圍寬達十七吋，由此他從來不打領帶，因為他認

7 南特是威爾斯語的河川或河谷之意，佩里斯是聖人的名字。

定了沒有哪件襯衫可以既套得住他的脖子，又在其他地方顯得合身。他又大又方的頭顱為靈光，下巴算小，上唇看似額外搭載了一組肌肉，讓其可以蜷曲扭動得像萬聖節面具一樣——而且顯然無需憑藉外力。他生著一雙藍眼，但左眼裡有一個突兀的棕色斑點，看著就像是那兒有一點點血。若干年前，他的背部痛到他終於不得不帶著不小的疑慮，登記入院要動脊椎手術；不過算他走運，出問題的椎間盤在手術前幾天自行融合好了，痛感也煙消雲散；只不過從那之後他走起路來，就變得像個水手一樣，有種上背部波瀾起伏還搖來晃去的步態，但腰椎下半幾乎一動不動。他永遠是牛仔褲、T恤與運動鞋的組合，也不管天氣是好是壞，至於他一千零一套的西裝則是與朋友喬・布朗共享，而這也意味著他們倆永遠無法出席同一場喪禮或婚禮，但他們對這種安排都頗為滿意。

莫出生時叫朱利安（Julian），莫這個外號始於他四歲，靈感來源是黑白電視年代，《三個臭皮匠》（*Three Stooges*）這個喜劇組合裡的其中一人——「留著瀏海的那個醜八怪，」他說——而這小名就這麼傳承了下來。他還說，「比起朱利安這個本名，誰都會希望小名能夠活下來，你說是吧？」他的出生地是伍斯特郡的基德明斯特（Kidderminster），那年是一九三九，而在某種程度上，他從十一歲起就過起了冒險的人生。他的母親在他四歲時過世，繼母就像是從狄更斯小說裡走出來的暴君。「十歲時的我已經在負責打掃、吸地與熨衣等種種家務，」他說。「我得清理爐架，把鞋擦亮，給馬鈴薯削皮。所以但凡有什麼事情可以讓我出門，我都會撲上去。我加入了童子軍，讓他們帶我去露營。那於我是一次真正的突破：那代表我可以『離家出走』，好好開心一下。我花幾英鎊給自己買了一頂二手的美軍野營帳篷，然後每個週末都往外跑。我會裝好背包，隻身一人在星期六早上出發，然後撐到星期天晚上才回返。在那個年代，你只要走路十分鐘就可以離開基德明斯特的範圍，進入到野外。我會紮營在塞文河的邊上——或諸如此類的地方。而出於某種原因，雯（Win），我的繼母，從來不介意我這麼做。當然在今天的時空下，沒有人會讓一個十一歲的小孩自己這樣露宿在荒郊野外，但三十五年前這似乎問題不大。」

一如許多在家裡被管得死死的小孩，莫在學校很野，由此就在他馬上要參加考試獲得上大學的資格前，他輟學了。他有一個個子嬌小但很聰明的父親，而他這位父親還是個業餘畫家兼老菸槍，並對音樂與西洋棋滿懷熱情。父親平日以設計地毯為生，而莫先是在伯明罕一家土木工程公司幹了幾個月，便回來加入了父親身處的地毯產業，成為了一名實習經理。他當時年方十七。時隔兩年，他發現了登山這個新天地。

「做為管理訓練的一環，他們會派你去參加一個名為『走出戶外』(Outward Bound)的課程，」他說。「這是他們從過去到現在，對我做過最犯蠢的一件事。」須知對特定某些人來講，登山是一種癮頭，這種癮頭能改變精神層面的化學反應，就像海洛因必然會改變人體體內的化學作用。在因為這項課程而在位於阿伯多維（Aberdovey）的「走出戶外」學校待了一個月後，莫一整個變得無法自拔。他開始每逢週末都去登山，為此他一到週五晚就搭便車去威爾斯，週日晚才回來。漸漸地，這種週末愈拉愈長，起點從週五晚上提前到週四晚上，終點則從週日晚間延後到週一晚間。他的雇主們並沒有抱怨，甚至根本不曾注意到這點，但即便如此，他還是迎來了身為上班族的暑假。而就在他趁假期完成了阿爾卑斯山的初體驗之後，莫在地毯行業的職涯還是只能告一段落。

莫還覺得他實在已經受夠了雯這個後媽，為此他覺得離家的時候到了。他在廚房桌上留了話，意思是這個家他不回來了。而後等跟他一起去爬阿爾卑斯山的朋友才回到英格蘭時，他已經一個人帶著口袋裡的十二英鎊，準備搭便車去冒險，目標是紐西蘭，為的是「去那兒一睹攀冰是怎麼回事」。根據在基德明斯特圖書館所看到的地圖圖集，他彙整出了一張清單，上頭有位於非洲西岸的各個鎮名，「如此我才知道該搭便車去哪裡，」他解釋說。「我想說我要是能抵達開普頓，我就會有工作可找，因為那兒通英文，然後從那兒我就可以設法渡海到澳洲與紐西蘭。」

但事實上，他最遠只到了北非的卡薩布蘭加，在那兒被偷走了護照以外的所有東西。一點同胞愛也沒有的英國領事無意幫助他，所以他只好餓著肚子繼續搭便車，就這樣回到了英國。

他利用剩下的夏天去了北威爾斯登山，然後報名了陸戰隊。（他說，「他們讓我做了一個黑猩猩都能通過的智力測驗，然後跟我說我應該努力成為一名軍官。」）只不過等到要去受基本軍訓的命令寄來，他人已經在山裡爬得不亦樂乎。他一通電話打給陸戰隊的兵營，靠的是南特佩里斯的一個公用電話亭。他的意思是他不過去了。

「你文件都簽了，」他們說。「那些東西是有法律約束力的。」

「這就難辦了。」

「你人在哪裡？」

「這只能我自個兒知道，你們想知道自己去查。」這麼說完他就把電話掛了。

他在奧格文小屋（Ogwen Cottage）找了份當指導員的工作，那是位於特里凡山（Try-fan）底下的一間登山學校，而特里凡山又是距離斯諾登山不遠處的一個山頭。指導員的待遇是週薪十先令，此外他的各種吃穿用度，學校都會提供，就看他有本事爬得了多少山。但他完全只當這是一份過渡性質的活兒。「我對自己說我只要一開始覺得教人爬山不過是一份糊口的工作，我就要撤了，」他說。「我不想失去那份對登山的悸動——我不想看著初衷被毀。」

兩年後的一九六一，他判定自己真的覺得無聊了，於是他再一次踏上了以紐西蘭為目標的搭便車之行，這一次他口袋裡的錢變成了三十五英鎊，外加背包裡有一條登山繩。他找了一個朋友當旅伴，這人叫伊恩·卡特列吉（Ian Cartledge）——也有人管髮色偏紅的他叫「狐狸」——這趟旅行來回花了他們兩年。他們一路搭便車橫越了歐洲、土耳其與伊朗，進入了俾路支斯坦、巴基斯坦與印度，北上尼泊爾，南下緬甸，前進馬來西亞與泰國，遠渡到澳洲，最終來到紐西蘭的南島，進行了攀冰。他們住得超便宜（他們在印度時的住宿預算是一天一先令），他們原則上不花錢搭船以外的交通工具，並且他們會盡可能在所在地找工作做：有個伊朗人付錢給他們走私綠松石進巴基斯坦；他們在澳洲北昆士蘭為一條新鐵路挖了四個月的涵洞；他們在西澳的威特努姆峽谷（Wittenoom Gorge）當了起藍石棉礦的礦工。（針對這麼一個潛在致命的打工經驗，莫豁達地表示，「（石棉會造成的）那些病潛伏期很長，感謝老天爺。大概有二十六年吧。所以我還有一兩年可活！」）為了回家，他們先在一艘橫渡印度洋的遊艇上當起了船員，然後在亞丁跳船，去到吉布地，搭便車往北穿越東非而進入到埃及，然後再穿越賽普勒斯進入希臘。旅途的最後階段是從雅典回到德比郡的雷普利（Ripley），而這只花了他們區區三天半——也還好是這樣，因為那年春天分外寒冷，而當時莫的衣物只剩下一件襯衫、一件短褲，還有一雙他在蘇丹的卡士穆花十先令請人做出來的豹皮拖鞋。

2

多洛米蒂山脈 The Dolomites

回到英國後，莫決定受訓成為一名老師——老師這份工作可以保證他有大量的空閒時間去爬山。他先是給了教職一段「試用期」，教體育跟數學，為的是看自己喜不喜歡這份工作，然後從一九六四年秋天開始，他在考文垂教育學院（Coventry College of Education）唸了三年書。我初識他，是在那年的八月，地點在多洛米蒂山脈，更精確地說是在拉瓦雷多三尖峰（Tre Cime di Lavoredo）南面正下方的一座小破屋子裡。我們雖然是各自前往那兒，但我們的搭檔都在淺嚐了一小段距離的滋味後，覺得自己還不如在小屋外躺著做日光浴舒服，山什麼的就留給想爬的人去爬吧。莫比我小十歲，但論登山技術比我強得多，所以我把握住機會，讓他領著我走上一些有難度的路徑。至於對莫而言，他似乎並不在乎走哪一條路線，反正有山可以爬就好。

攀岩是一種以純粹跟簡潔著稱的運動，但有最低限度的設備要求：專用靴一雙、繩索一條、安全帽一頂，還有各式各樣的尼龍繩環與金屬裝置——鉤環（扣環）、岩釘、繩梯（繩鐙）與合金岩楔——來確保你在萬一墜落時能獲得幾分保障。這一堆東西不算特別花錢，可以用很多年，而且輕輕鬆鬆就能掛在你的頸上或腰間。所以攀岩——也就是登山——之所以不同於其他許多運動，就在於要是過程出了什麼差錯，責任往往都在你本人，而不在你的裝備上。但話說回來若按照莫的看法，登山根本不是一種運動。「它是一種消遣，」他說，「其牽涉到的是愉悅。若是運動，則究其定義，其牽涉到的就會是競爭。登山裡要說有競爭的元素，那也是跟自己競爭。」——跟你在抗議的肌肉競爭、跟你的抗壓性競爭，並在事情出了差錯時跟你的休養儲備競爭。從這個角度去看，登山甚至可以說是一種智性的活動，只不過要加上一個很重要的但書：你必須用你的身體去思考。每一段繩距，都是一系列特定而局部的問題：哪些握點可以用，要以什麼樣的組合去用，才能以最少的能量支出換得身體安全往上。每一次該怎麼移動，都必須把對應的身體策略想清楚，而且那當中得分別考慮到移動中的費力程度、身體平衡，還有失敗的後果。那就像是在下西洋棋，棋盤對面坐著你的肉體。

所以登山是一款獨自為之的消遣，但也是一種出於安全考量，通常有一名搭檔的消遣。（有些頂尖的登山者喜歡徹底獨來獨往——他們稱之為「獨攀」〔soloing〕——但那是種我從來不敢妄圖的高風險活動，即便在我一腔熱血的年輕時代也一樣。）所以「跟誰爬」的重要性，幾乎不亞於「爬什麼」，須知「跟誰爬」就會影響你「怎麼爬」。有些登山者是如此地執著於他們想征服某條路線的渴望，以至於他們會對此外的人事物都視若無睹；與這種人一起登山，就像被綁在一輛單軌快車的外頭——你是可以到達目的地，但一路上你不會有太多笑聲，你也看不太到什麼風景。還有些人則是對自身的能力非常沒自信，以至於他們爬山時唯一的樂趣就是看到搭檔在某次（他們覺得簡單的）移動上遇到了問題。還有些人就單純是顆不定時炸彈，主要是他們老是在挑戰自身能力的極限，不然就是明顯該做的預備工作沒做好。只要是能一次次活下來且一次次接著爬的山友，通常都會隨著年齡增長而擺脫掉這些壞習慣，但你要是遇到那種還不成熟的搭檔，那跟他們綁在一條繩索上的感覺就會非常恐怖、非常亂來，甚至非常要命。

二十來歲時的莫，是個有名的野人——「我母親滴酒不沾卻死於肝硬化，所以我使盡渾身解數要反轉這個平衡！」——但實際上他爬起山來卻一點都不狂野。我們的第一條路線是史匹戈洛吉阿洛（Spigolo Giallo）線，這在多洛米蒂山脈的各種爬法中，是以美不勝收著稱的一個走法。走這條路線，你會直上拉瓦雷多小峰（Cima Piccola di Lavoredo，拉瓦雷多三尖峰之一）之前峰那面向南方的「黃色邊緣」（史匹戈洛吉阿洛的義大利文原意），全長大概一千英尺，且幾乎一路都是鉛垂於地面。莫負責帶頭，然後三不五時他就會停下來往下喊聲「這一趴夠嗆！」或「這你一定會很愛！」這些話無一例外，都是在說他剛完成了某次有難度的移動，但他的進度始終十分穩定，以至於等抵達他預告的難關，我反而感覺挺樂在其中，而且爬起來也有超水準的演出。最後一段繩距既簡單又壯觀——簡單是因為有大大的握點供我們攻上一處垂直的岩壁，壯觀是因為除了空氣跟在我腳邊與遠遠下方的碎石之間轉圈的燕子之外，沒有任何遮蔽。等我翻上岩壁的頂端，莫已經靠在一塊大石頭上，享受著午後的陽光，他的襯衫褪去，菸叼在嘴裡。「幸福，就是通往天堂的ＶＳ之路，」他說。（在那個年頭，ＶＳ代表的Very Severe是英國常規登山分類中第二高的難度，意思是「非常嚴峻」，而該分類由易到難分別是普通、困難、非常困難、嚴峻、非常嚴峻、超級嚴峻，再就是非常規的分類裡有所謂的「極端」（Extreme）難度，但當時這種非常規路線屈指可數。不過到了現在，登山難度的標準已經整體上升，由此「極端」這個分類內部已經再細分為各種數值，且這些數值的數量之多，並不遜於整體的大分類數量。）「通往天堂的VS之路」一語——讓人很難以挑剔地——描述了那幅自由與輕盈的光景，你可以想像在一條有點難又不會太難的路線上，那種要什麼來什麼的身心狀態——緊繃早已消融，動作感覺是如此輕鬆，風險無論再多都在控制之中，你內心的靜默與山脈本身已無不同。

兩天後，我們又跑去更不能掉以輕心的北邊，精確地說是拉瓦雷多大峰（Cima Grande）的北壁，去挑戰經典的科米奇路線（Comici；指完成這條路線的第一人，義大利登山家埃米利奧・科米奇〔Emilio Comici〕），意欲征服拉瓦雷多的北壁。科米奇路線幾乎是史匹戈洛吉阿洛路線的兩倍長，而且在技術上更難，陡峭程度也更勝一籌。這條路線的前八百英尺會持續往外傾斜——這段外凸部分的頂端若有落石，其打在下方的落石堆

拉瓦雷多三尖峰。從北面拍攝，
由右至左分別是西峰（Cima Ovest）、
大峰（Cima Grande）、小峰（Cima Piccola）。

時，位置會是在壁底的三十英尺開外——而路線的上半部就像一本巨大而攤開著的石書：在山峰的一角，你會看到一條一千英尺長的垂直裂縫。攀登的前一晚，莫又在設法「反轉這個平衡」——這次我也幫了忙——於是我們隔天睡過頭，晚出發，被前面慢吞吞的兩支隊伍耽擱了時間，最終在外懸部的上方六百英尺處陷入暴風雪，但那時我們已經無法回頭。那晚我們把自己確保在距離峰點還有五百英尺的一個小岩階上。所謂的「小」是兩英尺長，十八英寸寬（約六十一公分長，四十六公分寬）。

由於這會兒是義大利的八月，而且前一次的路線走得相當順利，所以這次我們算是輕裝上陣——意思是我們既沒有帶吃的，也沒有帶額外的衣物。融雪變成的瀑布從長長的最終裂縫出發，並逐級而下，而我們所處的岩階雖然有一道岩簷護住，但在我們到達岩階之前，身體早已被被打溼到皮膚處。我們將襯衫脫了下來，擰了個乾，然後重新穿上，並準備就此度過漫漫長夜，同時間那槍灰色的雲層出現了缺口，星辰重新出現，空氣則開始凍結。至關要緊的是我們不能睡著，因為睡眠會讓體溫降低，為此我們聊天、唱歌、相互唱起了有顏色的打油詩。但即便如此，我們還是不停地打起瞌睡，然後醒來，不知自己身在何處，然後又重新開始唱歌，聽著自己的聲音變得愈來愈孱弱，愈來愈不知道在胡言亂語什麼，而這一切都發生在將我們吞沒的黑暗之中。到了大概凌晨三點左右，我們再次醒來，並發現有什麼事情變了。月亮已經沉到地平線下，下面深處的山谷是一池墨色，遠方的群峰以星空為背景則呈現出點點藍黑。但出現變化的不光是黑暗的質地；同樣改變了的還有那靜默的感受，這會兒的靜默變得更加深刻，更加難以穿透。我們挨在一塊兒，試著釐清發生了什麼。

然後莫說了，「瀑布結凍了。」

在這個點上，我下了一個結論，那就是我們的運氣用完了，我們很快也會跟瀑布一樣凍住。這話我當時並沒有說出口，我沒那麼白目，但事隔數月我再跟莫提起此事，他嚇了一跳。「當時天是有點冷，」他說，「但我壓根不覺得我們遇上了什麼大麻煩。」他當時的態度是：我們暫且沒事，所以我們最好趁現在做點什麼讓自己保持沒事。我們除了互捶來恢復血液循環，還吹起了手，並不停地抽著菸——菸除了能緩和飢餓感，也可以讓人感覺比較舒適。（冷得要死的時候來點溫暖的菸草，那感覺真的非常奇妙。）但即便如此，黎明還是來得慢吞吞：首先出現的是模糊而蒼白的一道影子，其本體多半是從岩壁邊緣把我們封鎖在裡面的雲層，然後是黑暗以一個慢到一個不行的速度慢慢漏光，換成灰色上場。前往峰頂的最後五百英尺感覺分外地困難。有些原本該有握點的地方，現在只看到上頭結出了一塊塊雨凇[8]，同時我們倆都凍傷了——莫傷在腳上，我傷的是手指。

這聽起來很戲劇化——在光禿禿的山壁上過了一夜，瀑布冷到結冰，手腳蒙受凍傷。但事實上，我們在當時完全沒有這種感覺——主要是因為莫身為當事人之一，似乎認定了這一切的發生都正常得不得了。他一派雀躍而輕鬆的模樣，打趣的小玩笑也源源不絕。在他的鼓舞下，我背誦完了整首帶些改編的《愛斯基摩人妮爾之歌》，藉此殺掉了半小時的時間，然後當我想要抱怨，因為我們受困處的岩階實在有夠小的時候——兩人都只能一邊屁股在岩階上，另一邊懸空——莫只不過說了一句「這個嘛，人不能什麼都要嘛」。那是我這輩子坐著度過最寒冷的一夜，也是很不舒服的一夜，但絕對不是最灰暗的一夜。

登山是所謂「深戲」[9]一個很強力的例子。創造這個說法的人是效益主義（舊譯功利主義）之父傑瑞米・邊沁（Jeremy Bentham），而他本人極度不認可深戲這種概念。邊沁認為輸贏的賭注在深戲裡如此之高，任何理性之人都應該選擇對其敬而遠之，因為你能贏到的邊際效益遠遠趕不上萬一輸掉時得賠上的負效益。以我們的例子來講，我們能贏到的頂多是克服逆境完成高難度路線這種虛無飄渺的成就感；但我們可以輸掉的卻是我們的腳趾、手指，甚至是我們的一條命。

惟深戲不管多深，遊戲終究是遊戲，而那也正是我大體上留下的回憶。我記得那些言簡意賅的小玩笑與打油詩，那小到讓人想笑但還有一堆裝備要擺的岩階，那些月光下的遠峰，那用菸斗抽菸草的神奇滋味，還有每次點起火柴，我們創造出的那一小池溫暖與光亮。但要說我記得最清楚的，還得是第二天早上的某個瞬間，一個跟冷到要凍死完全沒關係的瞬間。在那個年頭，岩楔不是你可以去店裡買到的東西，想要岩楔你得自己

8 verglas，冰凍的雨撞擊岩石表面時，所產生光滑、透明且均勻的冰層。

9 deep play，指的是專注投入某種既具有挑戰，但又充滿快樂的遊戲狀態。

去找——報廢的車輛是最好的來源[10]——你得自己用鑽子把東西鑽出來，然後再鎖到你的繩環螺絲上。莫在爬最後一段繩距時留了一顆螺帽在山壁裂縫裡，而且那顆岩楔的位置之深，我用我又腫又凍傷的手指不論怎麼挖，都奈何不了它。

「我弄不出來！」我大喊了起來，並開始往裂縫上方爬。

「喔，」莫說，他的聲音又小又難過，讓我忍不住抬頭看了一眼。他低頭瞅著我，並且從我們上山以來破天荒頭一回，臉上露出了頗受打擊的表情。

「那是我最喜歡的螺帽。」他說。

是喔，我心想。我最喜歡的是我的命。但我欠他一次。所以我回到了下方的裂縫，花了二十分鐘用岩釘錘子四處敲敲打打，才把那顆螺帽弄鬆了下來。他都已經負責領路了，幫他取回螺帽就算是我的一點心意。

抵達峰頂後，我們躺著做了一下日光浴，同時看著我們溼答答的衣服冒汽。我感覺到一種不足以用累來形容的累，並微微有點頭暈——我想那是我在驚訝吧，我沒想到自己可以活著上來。正當我們出發要從相對簡單的南壁爬下山時，莫說了一句，「好吧，來把剩下的一半爬完吧。」

「你說什麼？」

「這種時候最容易出意外，」他說。「當你攻上山頂而開始放鬆的時候。」

我倆之間的角色徹底翻轉，讓人感覺著怪。我才是那個三十五歲上下的大人，而（小我十歲的）他則應該要是那個野人。但很顯然只要到了山間，他的狂野就會消失不見。

10 岩楔做為攀岩時的支點，最早是登山者拿螺帽（nuts）改出來的，所以這裡才會說報廢的車子是最好的岩楔來源，因為車子裡有很多螺帽。

3
史詩
Epics

也許莫會習得他對危險的尊重，外加能培養出他的自立自強，是因為在他兒時去露營的時候悟得了一個道理：他要是不照顧自己，那就沒有人會照顧他。且不論來源為何，他學會這一點並沒有付出很大的代價，在這樣的過程中傷害到自己。他在困難的路線上打滾了二十九年，但沒有一次掉下去過——這本身就是某種紀錄，畢竟要比物換星移，運勢變化，登山這種活動大概只輸給一級方程式賽車了吧。

他計算風險並據此採取行動的能力，似乎是從他登山生涯的一開始就具備了。比方說，在我們在多洛米蒂山脈中發生的插曲之前，他與一名夥伴就曾前去挑戰白朗峰一條在布蘭瓦壁（Brenva Face）上的路線。如同阿爾卑斯山上所有的路線，選擇這條路線的人也得三更半夜就離開山屋，然後摸黑攀爬起始那段難度不高的陸面。但由於這是他頭一個阿爾卑斯山登山季，加上他總歸一句也是窮到要被鬼抓去，所以他跟他的搭檔身上只有最最基本的用具。這包括他們沒有頭燈可用，而是必須試著用雲母框住的蠟燭去照路（雲母耐高溫且透明）。這是很古老的做法，而也的確他們一離開山屋，蠟燭就被吹熄了。「我們嚇到了，於是便隨即掉頭回返，」他說。「我到現在都還很慶幸自己有這樣的第六感，知道要知難而退，雖然在當時我是挺失望的。」

然而安全性，並不是普羅大眾所追逐的目標。一九七〇年，莫前往祕魯的安地斯山脈參加了他人生第一次的大型遠征，目標是托羅山（El Toro）。他們一行人來到了與成功攻頂只有一段繩長的距離，大功告成只差一道角度並無難度的雪坡。問題出在整體而言，那些雪的穩定性不夠。「那就像是粉雪，而且直到一個很深的深度都沒有夯實，」莫說。「往裡一跳，你會一路陷到只剩臉露在外頭，但腳底還是沒辦法踩到什麼扎實的東西。這些雪在任何時刻都可以從任何地方斷開，想在上頭確保自己根本是癡人說夢。所以我們當即掉頭。」遠征隊的資金來自於一家地方報紙集團，而做為金主的他們對此「相當惱怒」，莫說。「他們活要看到攻頂，死要看到屍體。任何不上不下的東西於他們都是失敗，都不是他們能夠接受的結局。我在返程後去找他們談了一下，而聽到他們拐彎抹角地表達了上述的意思之後，我就抓狂了。我說，『你給了人家錢就要信任人家的判斷，不然你一開始就不要贊助人家。』」

金主與媒體這種要他們「不成功便成仁」的嗜血態度，跟莫認為登山是一種讓人找樂子用的休閒活動、應該超乎世俗管束的解讀角度，存在著不可調和的衝突。「世間最爽的事情莫過於你景仰的山友對你說，『你剛剛拚得不錯』，」他說。「但聽到一般大眾說，『他是個偉大的登山家』，我不懂那個爽的點在哪裡？那一點意義都沒有，因為一般人哪懂偉大的登山家是什麼模樣。」你要是請莫定義一下什麼叫「好的登山者」，他會引用已故的唐・威廉斯（Don Whillans）[11]這位偕喬・布朗一起改變了英國攀岩標準，並於

11 唐・威廉斯（Don Whillans，一九三三～一九八五），亦為英國戰後傑出世代登山家之一，與前述的喬・布朗及英國登山教父克里斯・鮑寧頓（Chris Bonington）開拓了許多攀登新路線，並於一九七〇年參加由鮑寧頓帶領的世界第十高峰安娜普納峰遠征隊，與同隊的道格爾・哈斯頓（Dougal Haston）成為此山南壁路線的首登者。

一九八五年壽終正寢的第一流登山者說：「活著的登山者，就是好的登山者。」

莫自白說他的志向是要活到八十六歲，被某個怒不可遏的老公一槍打死，然後讓骨灰被拿到倫敦南奧德利街的高山俱樂部[12]，由某人倒進那種儲水時會「吹口哨」的馬桶沖掉。「我對於爬山時掉下去的風險，始終抱持著一份真實而健康的敬意，而這多半是因為我是從一九五〇年代開始登山，而當時的防護可以說就是兩個字：陽春，」他說。「就算是後來有了現代化的裝備，我也沒辦法讓自己進入一種覺得自己承擔得起墜落風險的心理狀態。那意味著我從來不在登山時把自己逼到沒有餘裕。只要進入一個我覺得自己繼續前進可能掉下去的位置，我就會選擇撤退，或是敲下營釘，或是在繩環上站定。我不覺得自己有必要在空中飛個一百五十英尺（約四十五公尺）來證明我想嘗試的移動確實難倒我了。沒有誰去登山時會想著自己將死在路線上；再瘋狂的登山者，都會想像自己已經盤算好了所有的風險，絕對可以全身而退。但只要你一開始勉強自己，讓自己的安全餘裕變得少之又少，大事就容易出事。我偏好把安全餘裕有多少留多少。對我而言，安全餘裕就是我的力量來源。我可沒辦法像現在那些年輕人專心致志又不菸不酒，每天還花好幾個小時在牆壁上練習攀岩。我這個老人家沒辦法那麼拚，何況我半個登山人生都是在酒館裡度過的。但我很幸運——我天生強。喬・布朗有一種美好又放鬆的登山風格，可以節省能量，而當我跟他在一條道上時，他總是會開口要我放鬆一點。我說，『我死也不會那麼做！』他覺得就算有人從天而降，攀在我的腿上，登山登到一半的我也不會挪動半步。但讓我像被打了石膏一樣，定在那裡的那股力量，就是我的安全餘裕，而想著我還有厚積者未發，能讓我心裡踏實許多。當然，我在山間不是沒有史詩般的精采表現，但我從未為了冒險而冒險，反倒是我曾因為不想冒險行事而成就了若干史詩。你不需要拚命往裡跳，也一樣可以成為史詩表現的主人，而每一次我踏過了那條邊界，我都會自己把自己罵回去，因為我會覺得那樣的自己很自私。要在山上嗝屁再容易也不過了，而且是高度愈高，性命愈危在旦夕。但我覺得不管哪座山，都不值得賠上性命。沒有哪座山的重要性，會值得我去玩命。山不是不要緊，只是沒有那麼要緊。」

12 Alpine Club，高山俱樂部於一八五七年成立於英國倫敦，為全球第一個登山組織，也是英國唯一由登山者組成的全國性組織，別無分號。

在登山的術語裡，「史詩」指的是「喜劇收場且成為當年勇的準慘劇」。這也是一個在登山者之間會因人而異的概念。拉瓦雷多大峰上的那一夜在莫的史詩榜上名不見經傳，但在我的史詩榜上卻可以名留青史。從多洛米蒂山脈下來後，他直奔霞慕尼（Chamonix）[13]，然後沒幾天他就又遇到了一個難關——在大修士峰（Grand Capucin）上遇到了一個不合格的搭檔，對方每到一個休息點就會暈厥過去。隔年一九六五，他無災無難，順順利利地爬完了當時在歐洲數一數二難的兩個標的——小貓頭鷹山上的菲利普－弗拉姆路線（Phillip-Flamm on the Civetta）與白朗峰山上的勃那提峰（Bonatti Pillar）——然後在巨人峰（Géant）的南壁陷入「白矇天」，也就是大雪造成的白茫茫一片，期間他拯救了兩名迷路、慌亂但不懂得感激的德國人。（「我們把他們送到了杜林小屋，但他們連句謝謝都不知道要說。」）一九六六年，在布蘭瓦壁上，他與他的搭檔等著要協助一些經驗比較不足的山友，結果被困在了一場一吹就是三天的風暴中，期間一名山友死於惡劣的環境中，而莫則凍傷了腳，嚴重到他後來在高壓氧艙裡待了好幾週。「當年我以為你在阿爾卑斯山間完成的每一條路線，都稱得上是史詩，」他說。「至少我都是去一次史詩一次，所以我就以為大家都是這樣。然後我才開始聽到有人說，『某某某路線很好走。』而也確實他們的指節都沒有被磨得不成人形，他們的眼睛也沒有突出得好像是小教堂帽架上的兩根木頭。我這才意識到我好像有什麼事情做錯了。」

他做錯的某部分事情，恰好關係到他做對了什麼。在某種程度上，旁人會覺得他精神錯亂，因為莫就跟所有認真的登山者一樣，都願意接受將各式各樣的折磨視作是日常的工作。找麻煩的石頭，惡劣的天候，為了野營而受凍在醜惡岩壁腳邊的硬石岩階上，或在從頭頂岩壁中間的岩釘垂下的帳篷中睡下——某些人就是覺得這些東西都是理所當然，甚至還能更添登山的樂趣。（我個人是偏好溫暖的石頭、溫暖的食物與溫暖的床鋪——再加上我能力也不足——所以我注定了無法成為大登山家。）莫同時也對人體可以承受不適到何種程度，有很務實的認識。當我還在以為我們會活活凍死時，他已經正確地判斷出我們頂多需要忍耐一晚上的寒冷與不舒服。但我們很幸運的地方有兩點：這條

13 位於法國、瑞士、義大利阿爾卑斯山區交界處，是阿爾卑斯山脈最高峰白朗峰的攀登起點，因而成為登山勝地。

路線相對不長，且天氣放晴了。隔年與再隔年——在巨人峰與布蘭瓦壁上——他就沒有這麼好運了。而這也讓我們看到了他感覺有餘裕的時候，別人爬得有多驚險。

想要避免這種困局的一個辦法，就是在登山時專挑跟他在力量上與技術上屬於同一等級的人當搭檔。但由於他是個交遊廣闊的社交花蝴蝶，所以這麼做會違反他向來處理自身登山生活的愉悅原則。「任何時候我主辦一趟登山，我都希望跟我的三五好友們一起，」他說。「熱血的年輕山友在報隊時，都會很自然地去看你的過往實績與專業技術，而不是看人本身。這麼一來如果他們成功登頂，他們會登上報紙頭條，但也就這樣了——不會有什麼後續。但如果你登山時是以挑人為主，那你就會長久把這趟路記在腦子裡，年復一年。即便在英國國內，我也不想跟我不認識的人登山，因為那樣我一點也不會開心。那就會變成我不是去找樂子，而真的是純爬山了。當然隨著年齡漸長，你會哄自己說爬山的重點不在於路線的難度，而在於人，在於過程中的感受。你會搬出各種托辭，就是不願意承認重點是跟你喜歡的人去爬你能力範圍內難度最高的路線。所以某種程度上登山不只是關乎開不開心。我可以跟我喜歡的人去蘭貝里斯山口爬我已經爬過五十次的老路線，而且過程中也非常開心，但是我回家之後還是會將之忘得一乾二淨——那不過是一種沒事去踏了個青的感覺。但要是我能跟我可以處得來的搭檔去挑戰一條我需要全力以赴的路線，並在事後細細品味之，那麼我在過程中的每一次移動，期間搭檔都說了些什麼——所有的小細節——都會長年留在我的記憶中。你跟某個別人一起投入的心血有多少，決定了你在事後能從這趟行程中收穫多少。這於我來講，就是登山的精髓所在。」

面對莫須有的史詩，莫的一項基本預防手段是確保他與搭檔能始終有該有的裝備可用，由此他早在自己成為一名設備業者前，就已經對裝備的良窳非常講究。我後來都很怕他一臉鄙夷地翻動並檢閱起我的背包，因為他會一邊給我臉色看，一邊要我把已經有多年革命情感的繩環、鉤環——甚至有回是繩索本身——給扔了。他自走砲一般的嘴唇會一角抬起來，另一角捲下去，他的眼睛會瞇成一條細縫，他發出的母音會變短：「用這些東西我不要說是爬山，我連爬上二樓都不想，」他說。

經過十五個年頭的練習，他已經修煉成遠征時的裝備專家，但他的第一趟（托羅山）遠征則是贏在過度準備跟寧剩勿缺：給僅僅六個人準備三噸的裝備與食物——「夠餵飽整支白金漢宮衛兵半年了，」他說。第一次遠征過度準備的東西，對莫來講，還不只是裝備與食物。由於他的椎間盤脫落還沒有自癒，所以他隨身帶上了——並吞下了——上千顆可待因（Codeine）來舒緩他的背痛；他整個在山上的時間都綁著鯨骨馬甲。在穿過山麓走回來的途中，他從一名印度人手中購得了一顆舊骷髏頭——這在當時感覺是個很合適的紀念品。後來等他在邁阿密機場要轉機的時候，一名壯碩的女性海關人員從他的背包中先後掏出了骷髏頭與髒兮兮的鯨骨馬甲，臉上堆滿了無盡的嫌惡。她小心地把這兩個十分驚悚的展示品放到了她面前的桌上，然後朝著一名同事大喊：「嘿，查克，我們這裡有個變態！」

4

泉源之屋
Tyn-y-Ffynnon

來到一九七〇年，此時莫做為野人的名聲——或甚至是做為變態的名聲——都已經被洗白不少了。他至此已經累積了八個高山季節[14]，而且征服各路線的成績一季比一季更加傲人；他同時還完成了三年的學院課程加一年的實習課程，取得了教師資格；另外有兩年的時間，他與喬·布朗成為了生意上的合夥人。一九六八年，布朗建議他們聯手生產登山頭盔，而也在大概同一個時間，莫收到了一份看似無懈可擊的教職邀約——威爾斯中部的戶外追尋（Outdoor Pursuits）中心找他去當總教頭。但說起在穩定的工作——有薪假期跟未來可期的退休金——與跟朋友自行創業之間二選一，這根本不需要傷腦

14 Alpine season，指適合攀登高山的季節，約為每年的六月中旬至九月中旬。

筋：「我心想，後者比較冒險，但聽起來比較有趣。」

在當時，莫已經結了第二次婚。他第一次結婚是在一九六四年二月，維持了十個月。他的第二次婚姻，對象是潔姬，他們會認識是因為兩人都是考文垂教育學院的學生，而兩人的姻緣經過了二十年仍歷久不衰。登山家的妻子有一個很流行的形象，大抵就是個邊疆婦女的模樣：大骨架、大胸部，韌性與耐心兼具。但潔姬．安東尼嬌小、纖細，且婀娜多姿。她有張柔軟的臉，生著大眼睛，頭頂一大團棕色的捲髮。在社交場合她會擺出一副呵呵笑、略顯做作的態度，那讓人會想到的比較是金髮美女形象，而不是美國西部片《原野奇俠》（*Shane*）的風情。換句話說，他更像是在地中海的沙灘上慵懶曬太陽的妙齡女子，而不太像是在高山的登山小屋裡呆著的賢內助，只不過她確實沒有什麼肥肉，反倒是具備了奧運體操選手般的二頭肌與強勁雙腿。她現年四十出頭，是兩個小小孩的母親，但就在她老大出生前不久，潔姬曾登上過一個BBC的戶外實況節目，重點是應節目需求，她得跟著喬．布朗前往蘇格蘭高地，進行一趟難度非比尋常的攀爬。而在這之前也沒有很久，我還曾看過她為我的兩個孩子表演什麼叫上下顛倒的人體拱橋。「這超容易的好不好，」她說。「兩腿張開，然後慢慢把身體朝後面一彎。」接著她說到做到：她把脊椎打彎，雙腿繃緊，左右手掌分別平放在身後的地板上，然後就保持起這個姿勢，期間她的頭髮垂到了地上，臉色則逐漸變得像甜菜根一樣紅。我當時七歲的女兒是個興致正旺的芭蕾小舞者，有著橡膠般的身體柔軟度，而她做起這動作都不算是很輕鬆。她十歲的哥哥——照講身體素質也不含糊——最終只能癱平在地上喘不過氣，背上還新添了瘀青。

潔姬跟莫初識時，她一次山都沒有爬過，而他也不確定自己會希望她去嘗試。他說，「我見過太多女性徘徊在登山的現場，百無聊賴，對其恨之入骨，但又得假裝自己興致勃勃。我不想讓世上再多一個像這樣的人。」為了徹底讓潔姬對登山死心，他頭一回就帶她去走了一條路線叫「慕尼黑」——那是特里凡山上一趟沒有太多遮蔽且相對偏難的VS行程。但讓他傻眼的是這女人三兩下就爬了上去，然後還欲罷不能地說要再來點。他讓這檔事冷卻了一星期，然後又帶她前往了克洛格溫・迪爾・阿爾代（Clogwyn du'r Ard-du）[15]這座威爾斯最令人卻步的嶙峋峭壁，那上頭沒有哪條路線的難度低於VS，而且每條路線都比大部分的威爾斯登山行程長兩到三倍。「我們走了長島線、煙囪線，還有曲縫線，」他說。「一天之內在克洛格山上連趕三條線，我也就幹過這麼一回。爬完曲縫線」——顧名思義那是一條彎曲的縫隙，為此你得很費勁地沿著一條長長的、蜿蜒的，而且大體上都外懸著的縫隙爬上東拱壁——「她顯得相當疲累。其實就連我也爬得挺吃力，所以我以為她今後就會打退堂鼓了。但我錯了，而且錯得離譜。因為她覺得棒極了。我們自此一起大爬特爬。她對高度很拿手，韌性更是讓人驚豔。她每次在山上的負重都要高過我。」

他們在阿爾卑斯山上出了名，不僅僅是因為她跟著他闖蕩各種困難路線時的輕鬆寫意把很多男性山友都比了下去，也是因為在前往高處山屋那漫長的跋涉途中——這向來都是高山攀登最讓人皺眉頭的部分——她身上的背包向來都是比較重的那個。在女性運動還無甚聲息的那個年頭，她被認為是離經叛道，而他則被認為是不懂得憐香惜玉。其他登山家的妻子們往往會替她打抱不平，而登山家人夫們對此則是羨慕加嫉妒，他們暗暗地佩服，但也覺得莫能這樣搞還全身而退，著實是件很不可思議的事情。總之不論是對人妻還是人夫，莫的標準回覆都是：「她只要扛得起來，就揹得上去！」

真相其實很簡單，那就是他們倆都不喜歡在那裡卿卿我我。再就是，他們倆都很擅長把對方逗笑。

他們不得不，否則他們將無法去處理他們婚姻生活中那持續始終存在的一項史詩挑戰：他們的房子。這棟房子有個威爾斯語的名字，叫做提恩懷菲儂（Tyn-y-Ffynnon）——意思是「泉井邊的屋子」——而當他們在一九六六年搬到那兒的時候，古老的聖井是房子裡裡外外唯一沒有故障的東西。房子本身就是個廢墟：四面由粗糙的流紋岩（一種火成岩）塊砌成的牆壁，其中一些已經崩落；沒有屋頂、沒有門板、沒有窗戶。泥土地上積了十八吋厚的羊大便，該是客廳的地方長出了一棵八英尺高的樹在正中央。主建物的後方是一棟相對沒那麼破的牛舍，而那兒也就是他們週末從大學過來宿營的地方，當時他們煮飯是靠Primus牌的登山用瓦斯爐，用水則是去泉井裡提。他們一開始使用這個

15 直譯是「有著黑色高度的黑色絕壁」，為英國登山者的養成聖地，暱稱為克洛格或克洛吉（Clog／Cloggy）。

克洛格溫・迪爾・阿爾代。
© Denis Egan／Wikimedia Commons

「宮殿」的年租是二十五鎊；一九六八年，他們跟潔姬的父親借了六百鎊，買下了該處含土地的永久產權。由於他們差不多是身無分文，因此所有的建築工作他們都親力親為，但速度就會很慢。他們會在週五晚開車上來，帶著一兩包他們那個禮拜有錢買的水泥，然後畢恭畢敬地遵照《讀者文摘——自己動手做手冊》行事。最終他們花了六到八個月，給房子加上了屋頂、鋪上了地板，外加一處臨時廚房與一間浴室。

現在的莫聊起那些亂得可以的早年，就像個從惡夢中醒來而感激莫名的男人：「髒東西永遠深可及膝，忙了半天做不成一件事情。但那就叫做年輕。有了年紀的我現在連回想都不太敢回想，但那時候感覺一切都很正常。」

攀岩本質上是種懶人活動：專心致志在岩壁上短暫拚命，然後在繩距盡頭的休息點展開漫長的休息，兩者反覆交替，其中的休息時間長到你可以往後一靠、抽根菸、讚嘆美景，或是對著討厭的雨勢碎念。所以說，登山者其實很善於看著別人工作，而這也解釋了何以安東尼拚命讓提恩懷菲儂能住人的努力，在蘭貝里斯山口變成了一個常駐的勝景。潔姬是這場秀裡的明星，她不論是把沙子鏟進水泥攪拌機，或是奮力穩定好手推車，搬運著莫辛苦地用從屋內挖出來的礫石，都非常有看頭。開朗的她用看似嬌小的曼妙身材操作著偌大的重物，可以說讓所有跑來喝杯茶湊熱鬧的人都看得驚呼連連，而且百看不厭。（她還會騰出時間去點登山爐來燒水泡茶。）莫溫柔地喚她是「唯一一台每天只靠一點木斯里麥片[16]就能轉動的水泥攪拌機」。

礫石在斯諾登尼亞這樣的山區是地面很自然的一部分，而隨著屋子慢慢從廢墟中浮現出身影，這些礫石也成為了莫最大的苦難。高潮發生在他正在為他們未來的臥室收尾的時刻。此時的屋頂已裝上，地板已鋪好，新的窗框也已經就定位，而潔姬卻在此時覺得門口的位置不對。莫原本想據理力爭，但在發現自己吵不贏之後，他決定讓步。事情的過程是這樣的，莫說：「我找來一支粉筆，在她希望的牆壁上畫出門的形狀，然後開始用一把冷鑿在牆上挖了起來。我是從上面開始挖，邊挖邊把礫石敲出去，然後插進木材來支撐上方的重量。就這樣一路往下挖，我來到了距離地面只剩下九英寸的地方，而

16 Muesli，由瑞士醫師發明在一九〇〇年的一種健康食品，一般來講是由低度加工的燕麥等穀物加入果乾與堅果所製成的綜合麥片，英國人常加牛奶當早餐食用。

也就在此時，我發現了一個小小的突出處。我開始用鑿子繞著突出處挖，然後我才發現那不是顆普通的礫石，那是整間小木屋中最大的一塊礫石：七英尺長、二點五英尺寬、二點五英尺深。這石頭重達兩公噸，而且就卡在臥室正中央！這寶貝大到沒辦法從任何一扇門口出去，而且我又才剛把各個窗戶裝好，所以這下子我該怎麼辦呢？由於房間裡還有兩顆小一點的礫石，於是我覺得最好的解決辦法就是把這些東西用絞盤拖拉出去。所以我把新裝好還漂漂亮亮的一扇窗戶打掉，往上頭放置兩段松木梁並喬好角度，往大塊礫石上鑽了兩根錨栓，並把錨栓接到繩環上，繩環再鉤到纜繩上。接著我去借來了一台手搖絞盤，將之安裝在外頭空地上的一棵樹上，然後再將之連上鉤著大石的纜繩。手搖絞盤運作起來，就跟捲起繩子把錨拉起來的原理一樣，慢慢地喬．布朗與我把大石頭一一經由鋪好的梁木軌道給拉了出來。我事前讓一台傾倒式小卡車就停在外面，車斗與窗戶邊緣齊平，以便讓巨石可以在上到窗邊後直接『噗通』掉進車斗裡。等把最大那顆石頭送進車斗後，我發現它重到我每踩一次煞車，卡車的後輪都會騰空！我就這樣把石頭載到他們在帕達恩湖蓋水壩的地方丟棄。那是個星期天，一個夏日晚間大約六點，鄉親父老剛做完禮拜出了小教堂。其中一人是在頭盔工廠替我工作的傢伙。我開車經過時——腰部以上一絲不掛，身上全都是汗水與污垢，柴油引擎發著『啵啵……啵啵……啵啵』的運轉聲——我喊了一句：『嗨，威爾！』他連看都不看我。他只是抓著聖經，瞪著地面，把我當成空氣。在威爾斯，他們還真是很把主日當回事啊！等我回到小屋，喬坐在空地上，臉色蒼白得像隻鬼。他已經一個人開始把另外一顆大石頭用絞盤往外拉，而且為了節省時間，他只在石頭上放了一枚錨栓。就在把石頭往外拉的同時，他聽見悶沉的『砰』一聲，有項東西從他的臉旁邊呼嘯而過。那是帶著大鐵鉤的繩索尾巴。原來錨栓突然方向一轉，繩索就這樣咻一聲直穿窗戶，削過他的臉，直接落到了他後方的空地上。差個幾英寸，他的頭就要被這個血滴子削掉了！驚魂未定的他馬上在下一顆大石頭上插上三根錨栓！人就是要笨才會把自己弄受傷，你說是吧？」

另外一個比較輕微但也持續不斷的史詩挑戰，是如今已然安裝好的浴室，但在這大功告成前這浴室可是弄出來又放回去，歷經了三進三出。話說從頭，莫把《讀者文摘——自己動手做手冊》翻開到第二九二頁，〈浴室的安裝與清潔〉，正準備要大展身手的時候，喬・布朗帶著納特・艾倫（Nat Allen）這個同樣知名的登山者來到了現場。由於喬與納特出社會時都是先從水管工幹起，所以他們二話不說接手了浴室的安裝作業。莫這時又開了口：「喬說，『這裡需要用一個折曲管來轉彎。把那個拉過來。這個要這樣，那個要那樣。』我有兩名專業的水管工在告訴我該怎麼安裝浴室，結果水最後竟然會往上倒流！」因為那一點點的計算誤差，排水管裡形成了一道氣栓，由此洗完澡想把水放掉只有一個辦法，那就是把頭潛到水裡，然後朝著浴缸的排水孔吹氣。有那麼一回，莫洗澡忘了鎖門，結果有個人就這麼闖了進去，而這人看到的是莫把屁股翹在空中，頭潛在六英寸深的肥皂水裡，在對排水孔做人工呼吸，就像托爾斯泰那位歇斯底里的太座在嘗試把自己塞進亞斯納亞波利亞納（Yasnaya Polyana；托爾斯泰的故鄉與長眠之所）的一池淺塘。現在的浴室運作一切正常，完全沒有問題。

現在的房子，也是那一帶出了名稱頭的建築。一九八五年，為了因應家族規模的成長，也為了因應他——在不爬山時——對舒適生活的更多需求，莫一不做二不休地給這個家做了一次最後的大改，增建了一層二樓。這個二樓讓莫家裡多出了一小兩（非常）

大共三個房間、可以放置登山設備的額外儲藏空間，還有第二套衛浴。樓上的幾個房間在有斜度且看起來像倒勾——前半屋頂短而坡度陡，後半長而坡度緩——的屋頂下有幾個特點：高挑、採光好、空氣流通。屋頂的建材是灰色的板岩，石牆被漆成了白色，整體的效果就像一棟氣派的山間度假小木屋被剝除了其感性掛帥的瑞士木工，重建以能夠經久不衰的威爾斯石頭。屋後的牛舍，也就是安東尼夫婦原本宿營的地方，也已經完成了增建，如今變成了典雅的兩房獨棟賓館，客人來了就會住在這間他們嘴裡不當回事地喊著的——「小－小木屋」。「自己的家自己蓋一個很棒的點，」莫說，「就是我可以看著它，知道它一百年後還會好端端地矗立在那兒。」

5

通往羅賴馬山之路

Road to Roraima

一九七〇年的托羅山之行，讓莫初嚐了遠征的滋味，而那滋味結合了兩樣東西，一樣是一般登山皆有的愉悅與考驗，另一樣是風格更加廣闊的冒險——除了有同行的夥伴可以分享快樂，還有海角天涯之風情與異國文化的額外調劑。一九七二年，他加入了名號聽起來很響亮的英美聯合遠征隊——「美國方面的代表有兩人，除了十九歲的正港美國人賴瑞・德比（Larry Derby），還有一個其實是英國人，但當時住在美國的伊恩・韋德（Ian Wade）。」他說——並藉此重返了南美洲，在那兒的菲茨羅伊峰（Mount Fitzroy）山上開闢了一條難度極高的新路線。菲茨羅伊峰所屬的區域叫做巴塔哥尼亞（Patagonia），而巴塔哥尼亞有兩樣特產，一樣是讓人一言難盡的天氣，另一樣則是時速上百英里的強風。那兒的強風眾所周知，會表演一種高山版的「神仙索」[17]：一百四十英尺（約四十三公尺）長的全重十一公釐貝綸繩會被垂直吹到空中。

隔年，他去的還是南美洲，不過這次與他同行的是一支登山明星隊——成員有喬・布朗、唐・威廉斯與哈密許・麥金尼斯（Hamish MacInnes）[18]——贊助單位是《觀察家報》（*Observer*），有趣的是這份平日算是拘謹的報紙竟說此行是要「朝向失落的世界而爬」。

這個一聽就能記住的名字源自小說家柯南・道爾的其中一本作品，名字就叫做《失落的世界》。這本小說所講述的故事，是大無畏的愛德華時代[19]探險家們發現了一塊古生代的史前地帶——各種怪物在裡頭一應俱全——被保留在了羅賴馬山（Roraima）的峰頂，其中羅賴馬山是個九千英尺（約二七四三公尺）高的岩質高原，並伴隨有一塊山岬從蓋亞那、委內瑞拉與巴西交界的叢林中旱地拔蔥，垂直升起一千七百英尺（約五一八公尺）。

此時在英國，就連我這個從來不曾被遠征熱燒到的人，都羨慕了起來；我怎麼聽，怎麼覺得那比較不像登山隊的遠征，而更像是某種熱帶的霍普－寇斯比公路電影[20]，有著隨時都會在路上邂逅桃樂斯・拉慕爾的期待感。不過在現實中，他們誰也不曾踏上如此艱難的旅途，而他們在要啟程的前一晚，才開始感覺到前方在等待著他們的是什麼，那時安東尼夫婦正借住在我倫敦的家中。我太太端上桌的烤羊肉，正由我負責切成小塊，我兒子則在幫忙倒酒，然後就聽到哈密許・麥金尼斯一通電話從蘇格蘭打來，意思是他剛得知羅賴馬山腳的叢林中有吸血蝙蝠肆虐，而且那些蝙蝠有狂犬病。要接種疫苗來預防被咬不是不行，但副作用是胃部會感到連串的刺痛。莫對此就說了一句話，「那就感謝上帝讓我們來不及打針了。」他隔天早上還是一如計畫出發。

17 又叫通天繩，是一種源自印度的古老魔術。

18 哈密許・麥金尼斯（Hamish MacInnes，一九三〇~二〇二〇），蘇格蘭登山家、作家，被譽為「蘇格蘭現代登山救援之父」。他發明了第一支全金屬的冰斧，以及一款以他為名的輕型可折疊合金擔架「麥金尼斯擔架」（MacInnes stretcher），被廣泛運用於高山及直升機救援。

19 一九〇一年至一九一〇年英國國王愛德華七世在位時期。

20 比殷・寇斯比（Bing Crosby）與鮑伯・霍普（Bob Hope）從一九四〇年到一九六二年合演了七部英文片名以Road to開頭的《通往……之路》系列公路電影，目的地按時間順序分別是新加坡、尚吉巴（坦尚尼亞）、摩洛哥、烏托邦、里約、峇里島、香港。桃樂絲・拉慕爾（Dorothy Lamour）是當中的女主角。

羅賴馬山。
© Paolo Costa Baldi／Wikimedia Commons

事實證明，吸血蝙蝠並不是問題，有晚餐餐盤那麼大的蜘蛛也不是。真正的問題是山本身。在蓋亞那一側，羅賴馬山像一艘大船突進了周遭的叢林，但由於不間斷的熱帶降雨把垂直的岩壁都變成了瀑布，因此想要翻過岩壁而不溺死，唯一的辦法就是攀爬那個巨大而外懸的山岬。這些山壁上的石英砂岩緻密到上頭有著大段大段的空白，看不到裂縫，也看不到弱點——當然也就找不到握點——想爬上去只能用錨栓法這種既費力又原始的手法，用星形鑽頭在石頭上鑿一個洞，然後在當中鎖進一枚錨栓。要在一天之內鎖進十二枚錨栓，並為此得一邊把身體掛在繩梯上左搖右晃，一邊用手拚老命在外懸岩壁上敲錘子，其吸引人的程度大概就像為了打發時間，而去長年沒清的馬廄清大糞。而在羅賴馬山，岩石從上到下的外懸幅度，有時會在一次一百二十英尺的繩距間，達到三十英尺。一路上會有一些迷你岩階，但由於這是熱帶地區，岩階上都會像鬍鬚一樣垂下大量的植被。這意味著在許多繩距來到最後六英尺時，領爬者得手拿岩釘錘「披荊斬棘」，才能通過懸在其頭頂的土地與植物，同時間莫口中的那些「怪誕野獸」則會掉落在他的脖子與胸前。這些「野獸」，指的是各式各樣的巨大昆蟲，且當中大部分都長得像推土機，包括有很多種類新奇到都還沒有經昆蟲學者分類。

雖然在懸岩的後面有長年不止的傾盆大雨，但在這條路線上可飲用的水源，只有那些被收集在豬籠草裡的濕氣，而且這些豬籠草只存在於兩處昆蟲橫行但相對寬敞的岩階上：其中一個被命名為「狼蛛露臺」的比較靠近底部，另外一個則在高度八百英尺處。所以每天到了尾聲，登山隊員都得像吐著絲的蜘蛛一樣，從一個個巨大的懸岩上垂降下來。然後他們會把繩索就這樣留在原地，隔天早上再一路用上升器回到前一天的高點。（上升器是一種有尼龍繩套連著的金屬夾子，其中的尼龍繩套可以供人站進去並撐住；上升器可以方便人上升，並會在被施加下壓力時鎖住。）使用上升器往上是一個枯燥而費力的過程，但你就是必須用開始在岩石的銳利邊緣磨損的繩索，日復一日地重複這個過程，而按照莫的說法，這會「有點像在以你的心靈為食」。事實上，這過程捕食著他們的心靈長達三個星期，期間他們只能——渾身溼透、骯髒、氣餒地——用磨損愈來愈嚴重的繩索在岩壁表面上上下下，直至最終登頂。在一個對他們集體的心靈來說十分黑暗的夜晚，當他們所有人都已經用罄了在那兒待著的理由，莫想到了一個讓人獲得慰藉的念頭：「這個嘛，」他說，「總是勝過在謝菲爾德給鍋爐除垢。」[21]

對莫而言，另外一項安慰是他從這趟遠征的印度嚮導們口中學會了如何在叢林中生存。但即便這點都跟他所期待的有點落差。有天他問起一名印度嚮導：要是在雨林中迷路了，該怎麼把火點起來？結果是這樣的：「他介紹我認識了他們會使用的一種樹。他用開山刀砍下了一截樹枝，將其中一端削尖，將之插進地面，然後開始用（同一把）刀，小心翼翼地向下將樹枝削成極細的薄片，一路削至地面，使其最終看起來就像把刮鬍子的時候用來抹刮鬍泡的刷子。這時你再去薄片的下方點火，那當中的木頭表面積會非常大，但實際的木材量很少，所以一點就著。印度嚮導說，『你照我這樣做；然後把樹枝放在她（火）的周圍，然後』——他暫停了一下來做效果——『你往她上頭淋上煤油！』」

21 謝菲爾德是英國的煉鋼大城。

6

餵鼠
Feeding the Rat

莫對於推動著他——乃至於推動著大部分登山者——去自虐的那股動力，有一個很生動而準確的表達法；他稱之為「餵鼠」。他從羅賴馬山回來後，他心中的老鼠被餵得飽飽的，但我眼中的他卻從來沒有這麼消瘦跟這麼憔悴過。但即便如此，他還是沒隔幾個月就又開始盤算著要再來一次遠征，只不過這一次潔姬說什麼也不肯被晾在家裡，於是他們決定找三個朋友——比爾·巴克（Bill Barker）、馬爾坎·豪爾斯（Malcolm Howells）、伊恩·坎貝爾（Ian Campbell）——搞一趟私人行程，目的地是浪塘喜馬拉雅這塊在聖母峰以西，且大約十二英里外就有希夏邦馬峰的區域，其中希夏邦馬峰是唯一一座完全處於中國境內的八千公尺高峰。為了省錢，他們從威爾斯開車走陸路取道阿富汗，到了加德滿都。他們只拿到縱走而非大規模遠征的許可，但這並沒有阻止他們——按莫的說法——「敲掉一點岩柱，爬上一座小山峰——大概兩萬一（千英尺）吧，好像是。是挺辛苦的，走起來距離不短，但那感覺很好。」巴克、豪爾斯與坎貝爾先成功登頂，莫與潔姬隨後跟上，只不過兩人對於他們在高海拔上會有什麼表現，兩人都有一點緊張，雖然莫其實在托羅山有過上到兩萬英尺的經驗。事實證明「潔姬像輛小火車健步如飛」，而莫這邊感覺問題也不大。

那年是一九七四，從那之後到一九八三年的每個夏天，莫都會重返這些世界之巔等級的山脈，不是去喜馬拉雅就是去喀喇崑崙。大部分這類遠征都頗為低調，資金大部分是由山友自掏腰包——偶爾才會有聖母峰基金會（Mount Everest Foundation）與英國登山委員會（British Mountaineering Council）幫一點點忙——不會有一般媒體報導就算了，甚至連圈內刊物如《山岳》（*Mountain*）或《高處與登山者》（*High and Climber*）也都隻字不提，除非是他們登上了山頂。這些行程與其說是一般大眾想像中的遠征，不如說是莫與他的快樂夥伴們去踏青的完美一天，只不過踏得遠了一點、高了一點。

唯一的例外發生在一九七七年，當時莫獲邀加入挑戰食人魔峰的團隊。食人魔峰就是喀喇崑崙山脈的拜塔布拉克峰，海拔兩萬四千英尺，為比亞福（Biafo）冰川區的最高點。那條路線既長，又對技術要求甚高——途中得克服花崗岩與結冰的陡坡，那些關卡即便是搬到只有一半高的阿爾卑斯山，也一樣難爬——近六年來已經有兩支英國隊跟兩支日本隊在這裡鎩羽而歸。換句話說，這裡絕對可以把老鼠餵得飽飽的。

雖然莫認識另外五名隊員，而且也都算喜歡他們，但五人當中只有一個人——克里夫．羅蘭茲（Clive Rowlands）——跟他算熟，而且只有兩個人——克里斯．鮑寧頓（Chris Bonington）與道格．史考特（Doug Scott）——是全職的專業登山者。唯一一個有名到連徹底的圈外人都認識的，大概就是鮑寧頓了：他寫過好幾本書，還主辦過好幾趟廣獲報導的高山遠征去挑戰像聖母峰與安娜普納峰這樣知名的高峰；他已經是固定的電視咖，各式與登山無關的產品報紙廣告上都看得到他代言的臉龐。史考特做為一個鬍子大力氣更大的彪形大漢，既沒那麼有名，也完全不屬於體制內——這說的是政治體制，他自承是個無政府主義者——但他創下過許多傲人的首登，而且他的資金都是靠巡迴演講賺來。每個登山者——職業也好業餘也罷——都想要在所處的路線上登頂，再小的路線也

「食人魔峰」拜塔布拉克峰（'The Ogre' Baintha Brakk）
© Ben Tubby／Wikimedia Commons

一樣；登頂就是登山這場遊戲的目的。然而對於專業登山者而言，巔峰會散發一種業餘山友所不太能體會、特殊而切身的強烈感受：那簡單講，就是專業登山者的本質。在食人魔峰之上，他們狠狠地補充了他們的本質，雖然巔峰本身只是山的一小部分。

到了要最後衝刺的時刻，初始的隊員已經從六名變成四名：保羅．「圖特」．布雷斯威特（Paul "Tut" Braithwaite）已經因為落石而負傷；尼克．艾斯考特（Nick Estcourt）因為一開始跟鮑寧頓組隊攻頂施力而氣力放盡。所以此刻只剩下史考特、鮑寧頓、克里夫．羅蘭茲與莫在山上，另外兩人就在底下的冰河基地營裡等著。

食人魔峰有兩處峰頂，分別是西峰與主峰——其中主峰高出兩百英尺——由一道鋸齒狀的長長山脊連在一起。七月十二日，莫與羅蘭茲領頭登上了西峰，然後這四名登山者在東南壁上挖了一個冰穴過夜，位置就在鋸齒山脊的下面一點。隔天早上，史考特與鮑寧頓沿著山脊下方移動，開始攀爬主峰塔下面那些險峻而困難的岩層。由於莫要負責替BBC拍攝攀爬的過程，所以他們的計畫是讓他與羅蘭茲在冰穴裡等一小時，期間兩人會拍照並保持體溫，之後再跟隨其他人登頂。但等兩人按計畫來到主峰塔的基底時，他們發現鮑寧頓在一心想登頂的狂熱中，忘了把裝備留在原地給他們用，而莫與羅蘭茲也沒有攜帶備用的裝備。不過儘管如此，莫羅兩人還是設法以自由攀登（裝備只能用來確保安全而不能用來協助前進）的方式，前進了兩段困難的繩距，來到了他們能用喊聲與另外兩人溝通的距離。此時，史考特已經來到一片峭壁頂端光禿的岩面上，並且正準備要以鐘擺法擺盪到側邊的一道裂縫處來獲致比較容易的登頂路線。（鐘擺法是一種在找不到握點的山壁上進行橫渡的技巧。登山者會把繩索盡可能固定在他能搆到的最高點，然後把身體放低並像鐘擺一樣前後擺盪。此時的登山者會貨真價實地在山壁上助跑，並藉此蓄積足夠的動能去抵達另一條地理學所謂的弱線〔line of weakness〕上。鐘擺技巧在像優勝美地這類地方進行硬石攀岩的時候，不時會派上用場——像要在著名的酋長岩〔El Capitan〕上克服外號「鼻子」的岩塊，就需要用上一種獨特的高難度鐘擺[22]——但在高海拔用上鐘擺還是挺罕見的。）鮑寧頓往下喊聲說這是最後一處必須認真攻克的

22 有興趣者可以去看《赤手登峰》這部紀錄片。

繩距了，而等他們前兩個人上去後，他們會把繩索垂下去給另外兩個人。惟此時只剩兩個小時就要天黑了，所以莫與羅蘭茲非常不情願地下了一個決定，他們要撤回到冰穴裡，隔天再自行攻頂。

史考特與鮑寧頓順利登頂，拍好了該拍的照片，然後展開了回程。等到他們退到之前擺盪處的頂端時，天已經幾乎全黑了。史考特垂降了下去，穩穩地把自己一推，為的是將自己推過岩壁，返回先前做為擺盪起點的岩釘。

後來在一篇刊載於《山岳》雜誌的文章裡，他描述了接下來發生的事情：「我把身體往前傾，好把自己固定在一顆營釘上，同時想用腳把自己推過去。為此我伸出了右腳，靠在了岩壁上，但在愈來愈黑的夜色中，我不小心把腳放到了薄薄的水冰表面上。突然間我的腳一滑，然後我就發現自己盪進了暗夜中，只能用手抓著繩頭。我想像不出為什麼自己會這麼盪個不停。我沒意識到自己垂降的地方太偏左邊了。我從頭到尾一邊盪，一邊發出混雜了驚嘆、訝異與恐懼的叫聲，而且聲音大到莫從兩千英尺下的雪穴裡都聽得到。最後擺盪與驚呼同時告一段落，是因為我狠狠撞進了山溝的另外一頭。」

這次衝擊讓他左右腳踝都斷了。鮑寧頓垂降到了他的身邊。但這時天色已經全黑。他們一起繼續垂降，來到了一大片雪地中——史考特垂降時是讓背貼著岩壁，至於走路則只能跪著用膝蓋走——然後就咬著牙在那兒野營。

莫與羅蘭茲從冰穴處目睹了意外的發生，為此他們十分震驚，但也知道在黑夜裡他們無能為力。天一亮，莫把羅蘭茲留在洞穴裡，讓他先把茶泡好，自己則出發去救人。還是只能跪著的史考特看到他，開心地說了一句，「你來幹嘛，我一下子就能回到雪洞了，年輕人。」然後他又感覺挺認真地問了句，「你跟克里夫要攻頂嗎？」

莫的回答其實有點長，但其中可以印出來的部分是：「我想我們在這兒可能有些工作要做。」

主要的問題是他們距離下方的基地營，垂直距離有九千英尺（約二七四三公尺），而且實際走起來大部分路線都是彎彎曲曲的。史考特想往下垂降的問題相對不大，而且靠著他過人的力量，史考特也可以把自己往上拉。但跪著走路——就算是下坡——都既困難又疼痛。除此之外還有一個次要的問題：即便他們決定立刻掉頭下山，他們也已經在攻頂的前一晚就幾乎耗盡了存糧。

回到冰穴後，他們判斷因為剩下的登山器材已經不多，所以他們最安全的下山路徑應該是先爬回到西峰的頂端，然後再從那裡下山，因為從西峰頂端下山，大部分的路程都會是下坡，只不過這些下坡很多地方是要用走的。在這之前，起碼天氣都相當完美。但等他們做成了上述的規畫後，雲層便開始湧入——「雲好像真的很愛這樣落井下石，」莫說——甚至到了午後偏晚，天上還開始下起了暴雪。他們終究耗盡了儲糧，然後為了把入口擋住不讓雪飄進來，而度過了一個頗為煎熬的夜晚。

暴風雪隔天吹了一整日。上午十點，羅蘭茲帶上繩索去嘗試硬闖西峰。結果他花了一個半小時，只前進了五十英尺；回到洞穴時的他衣服上結了層冰，手也已經完全沒了知覺。一個小時後換莫去試試身手。羅蘭茲稍早明明在及腰的粉雪中開了條路，但現在已經什麼痕跡都不剩了。莫只在一片白茫茫中前進了三十英尺，然後就放棄了。他同樣搞到手完全沒了知覺；事實上外頭冷到他的睫毛都凍到眼睛上了。之後他們就這樣在洞穴裡待了一整天，除了聽著外頭的暴風雪大作，就是拚了命保持入口處的暢通。

暴風一直吹到了隔天早上，風勢確實有稍微放緩，只不過不管天候狀況如何，他們都不能再繼續在洞裡待著了：他們的食物已經耗盡，用來融雪當飲用水的瓦斯罐也只剩下一只，同時他們知道在那樣的高度與狀況下，他們很快就會虛弱到動彈不得。羅蘭茲率先出發，緩緩地踢起了深度既深角度又陡的粉雪；然後是史考特一邊跪著，一邊用上升器把自己往繩索上拉動；莫就像牧羊犬一樣，跟在他們身後，而鮑寧頓則留在冰穴中直到最後一刻，免得他們一個不小心又得撤退。在通往西峰那最為陡峭的最後一段路中，粉雪深到即使是力大無窮的史考特都覺得他只是愈走愈下面。所以莫就爬到前面去幫著羅蘭茲拉，而鮑寧頓則殿後並負責推。就這樣一前一後，一拉一推，中間的史考特也上到了西峰頂端。

後來我問過莫，我想知道他有沒有想過他們可能沒辦法活著下山，畢竟暴風雪是真的很大，而史考特的傷勢也真的不容小覷。對此他的回答是：「我壓根沒想過我們可能會死在山上。當然我知道要是我們一直留在洞裡什麼也不做，那毫無疑問地，就是坐以待斃，因為沒有人會上山營救我們。但我的想法是，只要我們持續往前走，就一定能存活。我們是四名硬漢，而且我們運氣還很好，因為我們受傷的正好是那個硬漢中的硬漢。要是弄斷腳踝的不是像道格這樣充滿力量的鐵漢，那事情或許真的會有不同的發展。但道格本身對受傷一事處之泰然，即便身在痛苦之中也沒有一句怨嘆。我們事後聊起這件事，他告訴我他心裡一點也不覺得自己會葬身在山間，一點也不。他說他既信得過自己的夥伴，也覺得自己足夠強壯。」

在後續的描述中，史考特寫道：「面對那樣一個龐大而繁複的問題，我唯一能去處理的辦法只有一個，那就是一天把一天過好。讓『我一定得回到基地營』的大信念縈繞在心間，但每天醒來別想太多，只要想著怎麼完成這天的目標就好；只要相信若每天的攀登都能確實完成，整個問題終究能獲得解決。」

他們全員上到西峰，已經是中午了。風暴仍在呼嘯著，但能見度已經改善到五十碼，而且最起碼他們已經不用與垂直的上坡奮戰。由於莫與羅蘭茲身上沒有傷勢，同時也不曾因為在食物與裝備雙缺下被迫在兩萬三千五百英尺處野營，所以他們的身體狀態比另外兩人明顯好上一截。也正因為如此，莫從此處接手了領頭的工作，負責找路線，固定確保，還有搞定垂降；羅蘭茲待在史考特身邊協助他通過一些困難的地方；而鮑寧頓則負責殿後。那天，他們的目標是抵達第二處冰穴，位置在西峰下面大約一千英尺處。朝其垂降倒不是什麼大問題，但垂降完要通往洞穴有一段既長且難的陡峭冰面，那才是他擔心的部分：因為那是一段橫向的路程，所以他不可能不帶隊穿過去，而在那種很糟糕的狀況下，那意味著他們有可能掉下去。「幸運的是我在垂降的過程中都一直被這件心事折磨著，」他說。「以至於等冰面前出現在我面前，緊繃到不行的心情反而讓我吹著口哨就穿過了那裡。恐懼與腎上腺素的威力真的很神奇！」

在第二冰穴的那一夜，過得就跟其他的每一夜一樣慘。他們大部分時間都在給彼此的腳按摩，不然就是相互把腳放在搖籃一樣的大腿上，就盼著這樣可以恢復血液循環。時間來到隔天早上，暴風雪還是未顯頹勢。他們下方是一根上千英尺的石柱——那是他們爬上來時最困難的部分——再往下則是三號營：兩頂小帳篷，同時他們希望裡面能有一些食物。所以他們決定頂著暴風雪與零度以下的低溫動身，即便這一整天他們都只能一直垂降，且在到達三號營的帳篷前都不會有地方提供遮蔽。向下移動到半途，負責殿後的鮑寧頓從垂降的繩索尾端噴了出去，撞擊到下方的一顆巨石，弄斷了兩根肋骨，其中一根還傷及他的肺部。「寒冷的天氣還在繼續變冷，所以他沒有選擇，只能繼續下山，」史考特寫道。「老天保佑，他並沒有馬上開始體驗到後來讓他很不舒服的胸痛。搭起帳篷的他們，看上去就是個可憐兮兮的小隊。第一個到的莫得設法把帳篷重新立起來，因為兩頂帳篷都已經在三英尺的積雪下被壓扁了。」

三號營並沒有吃的，但有茶包、燃料，還有最重要的，有一包一磅重的糖。所以等他們在意外後的第五天早上醒來，發現一個晚上又下了兩英尺的雪，而且暴風雪肆虐得比之前還厲害了之後，他們決定在原地再等一天，看風雪會不會過去，期間他們希望甜甜的熱飲可以幫助他們恢復一點活力。

鮑寧頓的狀態有點慘，咳個不停以外還吐著看起來顏色很不對勁的痰。他的狀況一天天愈來愈差，而且他愈來愈確信自己的喉嚨痛與肋骨下方的痛，是出於肺水腫——那是高海拔登山者的職業病。若果真如此，那他唯一的生路就是盡快下山就醫，否則情況就會非常危急。隊友們聽著他的咳嗽與哮喘聲，心裡憂心忡忡，但還是為了讓他心情好點而說他們聽不到那應該就是肺水腫的咕嚕聲。鮑寧頓完全笑不出來。

在緊急狀況下，莫習慣勉強自己，同時讓隊友們的怪癖可以有很大的迴旋空間。他有著一雙慧黠而睿智的眼睛，但這雙銳利的眼睛並不是用來占別人的便宜。那都只是他遠征哲學的一部分，亦即對他而言，跟一群好傢伙同行重如泰山，登不登頂輕如鴻毛。

事後他用非常能同理的口吻，向我描述了鮑寧頓當時的困境：「克里斯知道他弄傷了自己，但他不曉得傷到了哪裡。他只知道自己的狀況惡化得很快。他還知道要是胸腔在高山上出現感染會造成什麼結果，沒人說得準，主要是高海拔會讓病情變複雜且發展速度變快，由此你的身體狀態會在極短的時間內急轉直下。道格知道自己的問題在哪兒：他弄斷了左右腳踝。但克里斯完全在狀況外。你對自己體內的無名未爆彈提心吊膽，對精神面絕對不是什麼好消息。就這點而言，我對他感到十分不捨。但是在生死交關的處境下，人會變得有點冷血。那傢伙就躺在你旁邊的睡袋裡，你可以聽見他在那裡『啊啊啊⋯⋯啊啊啊。』那自然是糟糕透了。但你的身分不是加護病房的護士。所以你不會說『乖，不痛不痛』，你會說『振作一點——你有該做的事情要做』。」

鮑寧頓做為一名登山者有許多可貴的優點，其中一樣就是他的毅力非常人能比。問題只在於你要怎麼在他急遽惡化的狀況下，讓這種毅力派上用場。莫一邊繼續往前進，一邊拿自己開起了玩笑，而他獨樹一格的幽默感可以說很有捷克人的風格，如同捷克作家瓦茨拉夫・哈維爾（Vaclav Havel）這麼形容過的：「在此我們往往會很強烈意識到的一件事情是，誰愈把自己當回事，誰就愈容易變得可笑無比，反之誰總是能設法去自嘲，誰就可以免於淪為真正的笑柄。」在羅賴馬山上，莫用一個給自己洩氣的笑話鼓舞了大家的士氣。而鮑寧頓版本的「在謝菲爾德給鍋爐除垢」雖然講法不一樣，但效果同樣不差。他是桑赫斯特皇家軍事學院的畢業生，由此他平日的聲音曁宏亮又有威嚴。但時間來到暴風雪第五天的傍晚，也就是他咳嗽了二十四小時後，他沙啞的嗓音聽起來已是氣若游絲。他在睡袋裡翻過身，嘶啞地對莫說：「我們可以靠這個發財。」

「怎麼說？」

「寫書啊！」鮑寧頓說。

就在那一瞬間，莫才終於意識到他從過去到此刻，都不曾是個職業的登山者。

隔天早上風勢未歇，但降雪倒是停了，雲層也漸漸退散，讓太陽得以露臉。此時已經是意外起算的第六天，他們下山的進度還不到一半。他們用上山時留在原地的固定繩垂降到西坳，然後橫貫一段距離到了二號營，盼著能在那兒找到食物。莫與史考特先到了二號營，但他們能從積雪中挖出來的只有一小盒爽喉糖、一條「湯姆貓與傑利鼠」牛軋糖棒，還有一個垃圾袋裡混雜著一些碎米跟菸灰。他們帶著罪惡感將米粒囫圇吞下，然後瓜分了剩下的東西，包括留下了一半東西給另外兩人。

此時他們下方是一英里半的深雪，角度微微地向下通往前進基地營之前最後一個陡峭路段的頂端。向下走到半途，莫停下來歇會兒，此時史考特追上了他，並宣布他想跟莫換手，由他走在前面來開路。莫扛著個比史考特更大的背包，外加一大團繩環與鉤環。「他緩緩超過我的時候，我心想他用爬的，肯定可以多揹一點東西吧，」莫說。「反正他也不會注意到。所以我就順手把繩環卡在了他身上。好死不死，克里夫・羅蘭茲就在我正後方，我的行徑就這樣被他用照相機拍了下來。」

他們在最後一個陡峭路段上的固定繩索上方設下了帳篷。他們此時仍在前進營上方兩千英尺處，距離基地營還有五千英尺的垂直距離跟五英里的行程。他們的狀況都算不上好，但用莫的話說，「當你知道你距離人群跟食物只有一天或至多兩天的距離時，你就不會真的太過擔心。你會有點想發脾氣，是在你人在山頂而且什麼都沒得吃的時候。」

考量到眾人身上的傷勢，他們有必要趕緊通過下方的路面，為此他們達成了減輕背包負重的共識，但凡不是絕對必要的東西，如頭盔、五金、過多的繩索，還有等過完最後一夜後的帳篷，統統要放棄。不過當鮑寧頓決定要捨棄那價值不菲的相機時，莫開口說了話，「那給我吧」，然後將之三兩下收進了他的背包裡，不讓鮑寧頓有反悔的餘地。他後來給出的理由是：「我是在想，我已經把什麼都扔了——自然有空間裝一點小小的奢侈品。」

天一亮，他與鮑寧頓開始從固定繩索往下爬，羅蘭茲就被他們留下來照顧史考特，他們會等天氣暖和一點再動身。來到陡峭路段的底部，他們發現前進營已經荒廢，所以他們就逕自繼續往下，先是走了一英里，越過了上頭穿插著冰隙的雪地，然後走過了長長的冰川——冰川部分包含兩英里半的冰面，以及一英里長的冰磧。史考特後來說這最後的三英里半對他而言，堪稱全程最慘的一段路。他用上三層衣物去保護自己的膝蓋，甚至還加上了一條條的塑膠睡墊，但等他在那晚十點半爬進基地營的時候，所有的保護機制都已經磨損殆盡；他血淋淋的雙膝已經麻木而腫脹到跟顆瓜一樣大。

鮑寧頓此時已經幾近筋疲力盡，除了咳著看起來很恐怖的黃痰，還會一停下來休息就猛打瞌睡。所以他們一抵達冰隙清晰可見而相對安全的冰川表面，莫就留他在那兒，自己直奔基地營去召集援手。惟基地營也已經遭到放棄而空無一人。暴風雪肆虐山上的期間，尼克・艾斯考特在基地營跟六名挑夫等了一星期。但當天氣轉好的第二天早上，登山隊還是沒有出現時，他就覺得他們應該已經凶多吉少，並下到了最近的阿斯科萊村（Askole）去組織搜索隊。事實上尼克正是在那天（七月二十日）早上出發前往阿斯科萊，並在走前留下了一張悲戚的字條說，「要是真有人讀到這段字句，那就代表你們起碼有一個人活了下來……」他還留下了一半的罐頭水果蛋糕、五十條牛軋糖棒，乃至於他設法從飢餓的挑夫手中搶救下來，各種有的沒有的食糧。

莫吃了四分之一的蛋糕，一條乳加巧克力棒，還有半盒湯，然後留下了字條表示他要逕行前往阿斯科萊村，並隨即動身出發。當時已經快要下午五點，他已經走了將近十二個小時。阿斯科萊約莫在三十五英里外——他得先走二十五英里到克洛風（Korophon），也就是比亞福冰川的尾端，然後再沿著布拉爾杜河（Braldu）的河岸走十英里。莫兩次搞到邊走邊睡，一醒來才發現自己腳並沒有停下。這讓他冒出一身冷汗，於是他給自己訂下了一條規定：走六十分鐘就瞇個五分鐘。他就這樣一直走到午夜，月亮都已經下山，他也完全看不到自己走在什麼地方。他這才睡了四五個小時，直到第一道曙光，他又接著走了隔天一整天——同樣是走六十分鐘休息五分鐘——並在午夜時分過了克洛風一點。從那之後，地面就變得相對平坦。但他還是遇到了一處石階需要應對，而等他登上石階，月亮又是已經降下去了，所以他就又睡了幾個小時。等他在隔天早上七點步行進入阿斯科萊，他第一個看到的人是村子裡的巴提人頭目。他認識對方，是因為他曾到同屬這一區的川口塔峰（Trango）遠征過兩回。「巴提人一般不會顯露出太多感情，」莫說。「但頭目一看到我就跳了起來，然後衝過來把我抱了個滿懷。這在演哪齣，我心想。然後我緩緩地在街上跨起艱難的步伐，緩到一個不行，主要是那兒是上坡，而等我來到營地處，換成了尼克朝我跑了過來。我從來沒見過哪張臉可以開心成這樣。他完全以為我們都遇難了。」

事隔不到兩小時，艾斯考特已經與十二名挑夫出發朝基地營前進。他們僅花了二十四小時多一點，就完成了這趟漫長而且得克服上坡的行程，用擔架把道格從克洛風抬了下來，一路上他們把他當寶寶一樣呵護備至。在此同時，一名跑者去到了斯卡都（Skardu），也就是稍具規模的最近城鎮，那兒的有關當局用無線電聯繫了拉瓦平第（Rawalpindi）的官方，讓他們派了架直升機來把傷者一一從克洛風後送。但即便到了這個份上，災難也沒有完全結束。當直升機載著在擔架上被固定好的史考特要進場降落時，其某片螺旋槳突然失靈。那會兒直升機才剛駛進斯卡都所在的懸崖邊緣以內。槳片失靈讓直升機瞬間急墜二十英尺，猛撞上了地面。沒有人因此受傷，但要是早個十秒故障，直升機就會錯過懸崖邊緣，像雞蛋一樣砸破在懸崖底部。這事故造成最大的苦主應該是鮑寧頓，他因此在阿斯科萊多待了一個禮拜，才等到第二架直升機來載他去斯卡都。

7

愉悅法則
The Pleasure Principle

能在為期六天的暴風雪中走著漫漫長路，從一座非同小可的高山上下來，期間既沒得吃，還得忍受左右腳踝都斷掉的痛苦，讓人見識到了道格・史考特的過人勇氣，於是回到英國後，他的事蹟登上了報紙頭條。為此甚至還有倫敦一家叫維多利亞運動俱樂部的賭場要頒發獎盃給他，惟他婉拒了此番好意。

若非是有史考特的強大肌力與打落門牙和血吞的剛毅，這次史詩難度的關卡肯定不會如此喜劇收場。即便如此，這喜劇收場的結局，包括成功登頂與活著下山，都完全是團隊合作的成果。直至向上攀登的最後一天，他們四個人都是輪流帶隊，同時要不是鮑寧頓一個大意，他們理應可以四人一起登頂。慘劇發生後，是莫與克里夫・羅蘭茲確保了另外兩人可以平安下山。羅蘭茲先硬是穿越及腰的粉雪，開闢出了重返西峰頂端的路線，而後凶險的下山過程則由莫率隊，是莫冒著暴風雪抽絲剝繭，才找到了可行的路線，清掉了固定繩索上的冰，搞定了各個需要確保與垂降的地方。最終也是莫強撐著出現幻覺的身體，硬是抵達了阿斯科萊。

但就在獲救與後續的媒體報導之間，出現了一個耐人尋味的魔術：故事裡的莫與羅蘭茲像是憑空消失，完全變成了隱形人。高山新聞鮮少會變成頭條；扣除聖母峰，一般的山峰頂多在內頁的靠內欄位裡被施捨個兩三英寸篇幅。然而食人魔峰的威名與史考特的堅忍卓絕之舉，讓媒體不吝惜給予其寵兒的待遇。《週日版泰晤士報》做為一例，就大手筆製作了中央跨頁的報導，當中有照片，有表格，還有大量他是如何「背水一戰」的細節。但即便報導到這個份上，莫與羅蘭茲在裡頭也是龍套一般的存在。而這還是大報，小報裡則壓根沒有莫與羅蘭茲的戲份。在某種程度上，這反映了根深柢固的「弗利特街」[23]原則：名氣大，篇幅就大。當時有人這麼對我說過：「要是說全英國最出名的兩個登山家是被兩個無名小卒給拖下山的，成何體統。」事實上就算有記者很勤勞地去追這件事，他們也不見得能跑出什麼新聞，因為不論是莫還是羅蘭茲，都對出風頭這件事很感冒。「人要不要出名都是看自己想不想，」莫說。「道格跟克里斯需要知名度，因為這樣他們才能有錢去不停歇地登山，畢竟他們惟二的收入來源就是演講跟寫作。我有做生意，所以我可以不用為了五斗米而去拋頭露面。」

就像是為了證明這一點，他為業內報刊中以古板嚴肅聞名的《高山期刊》（*Alpine Journal*）寫了一篇不苟言笑的攀爬紀錄，文中他處理從西峰下到基地營的過程，只用了商籟的長度，商籟就是十四行詩，區區十四行文字裡就包含了他對於整個地獄週深思熟慮後的意見：「說來奇怪，這並不是一次很驚悚的體驗。當然也談不上愉悅啦，但當中並不乏刺激與興奮。」凍傷他沒提，最後兩天的急行軍也沒提。這或許就是他對語不驚人死不休的媒體，在進行一種反擊。

不過即便如此，食人魔峰還是再一次向他證明了他六年前在托羅山遠征後所學到的真理：媒體與登山者之間存在著一條無法橋接的期待落差。隔年他獲邀成為K2全明星

23 Fleet Street，亦譯作「艦隊街」，英國倫敦聚集眾多媒體總部的一條街，因此也常做為英國傳統媒體的代稱。

遠征隊的一員，但莫對此說了聲不。

他還是去爬了山，只不過他是跟三個好朋友——馬丁・波以森（Martin Boysen）、比爾・巴克、比特・明克斯（Pete Minks）——去挑戰了加舒布魯四號峰（Gasherbrum 4）的西壁。一九七六年，也就是食人魔峰史詩事件的前一年，波以森與莫去喀喇崑崙山脈爬了優雅的川口塔峰這座兩萬英尺高的岩石尖塔。「從川口塔峰的頂端，我飽覽了巴托羅冰川（Boltoro Glacier），並看到這個廣大的『停車場』裡滿是崇峻的高峰，」[24]莫說。「那一幕真是絕景，世界第一等的高山匯集——任何一座山峰都美麗到不行。於是我心想，我一定要上到那裡。而加舒布魯四號峰實在是令人垂涎不已。」一九五八年，當偉大的義大利登山家華特・波納提（Walter Bonatti）由東脊首登加舒布魯四號峰成功時，他曾經俯視那一萬英尺高的西壁，並讚嘆說那或許是屬於一九八〇年代的路線。若按照這種看法，那莫與他的友人就等於是領先了時代十年。他們最終並沒能登頂，但他們其實是有機會的，只可惜明克斯摔了一跤，跌斷了他的腳踝。另外三個人繼續前行並抵達了兩萬三千英尺處——距離峰頂大概還有三千英尺——才因為山壁的體量跟陡峭、因為岩石的腐化、因為技術上的難度，也因為單純的疲憊，而停下了腳步。事實證明波納提是對的：加舒布魯四號峰的西壁最終被克復，要等到一九八五年，而且那兒直到今天，都仍被視為是印度次大陸上最困難的登山路線。

時隔一年來到一九七九，莫去到了屬於喀什米爾，通常環境算是比較溫和的基斯赫特瓦爾（Kishtwar）地區，打算挑戰一座兩萬兩千英尺、海拔相對不高的山峰叫布拉瑪二號峰（Brammah 2）。但由於這次的天候出奇地糟糕，所以他們最終完全沒有進度。接下來的四年，他每個登山季都會重返兩萬三千英尺高的塔萊薩加爾（Thalaysagar）這座位於加瓦爾喜馬拉雅山脈裡，距離中國邊境不遠處的山峰。每一回的遠征隊都是小小的，沒有贊助者，且完全由朋友組隊。潔姬跟過第一次嘗試，而且表現極為優異。那是她第三次參加認真的遠征。一九七八年，她主辦了一次全由女性組成的喀喇崑崙山隊伍，要去爬巴克達斯峰（Bakhor Das）。如同去爬食人魔峰的莫，她此行也會替BBC拍片；不同

24　K2就在巴托羅冰川旁，此外不遠處還有數座八千公尺以上的高峰。

巴托羅冰川。照片左前方即為加舒布魯四號峰。

於莫，她成為了BBC頒給最佳冒險電影的米克・伯克獎（Mick Burke Award）得主。莫對此的評論是：「她得獎很應該啊。我對她可是傾囊相授。」在一九八二年第三次挑戰塔萊薩加爾峰的時候，莫跟喬・布朗、比爾・巴克、克里夫・羅蘭茲與馬爾坎・豪爾斯等老搭檔們一起來到了與登頂只差幾百英尺的岩石跟一處簡單雪脊的點上。但此時布朗與豪爾斯拿著裝滿必要裝備的背包耍起了特技，然後「成功」將之弄掉到了山下。所以又一次，他們只能折返。隔年的一九八三，莫與布朗一起重返了塔萊薩加爾峰。他們的如意算盤是靠他們固定好的老繩子快速地上到此前的高點，然後再把剩下的路線完成。但他們才剛起步，一場巨大的暴風雪就斷送了他們的夢想。另外一組人使用一九八二年遠征隊留下的裝備，在一九八三年稍後的一段好天氣中將巔峰收入囊中。

雖然以成功登頂為標準的話，莫的成功率看似不太高，但連著十四年的遠征讓他累積了扎扎實實的高山經驗。而就在這些遠征之間，莫安插進了幾季的冬季攀登在法國與瑞士的阿爾卑斯山間，那兒的環境往往要比喜馬拉雅山上還糟。他還——在一九七九與一九八〇年兩次——「小旅行」到厄瓜多的森林裡去尋找印加帝國的黃金。跟他同行的有布朗、麥金尼斯、波以森與潔姬。他們沒能找到黃金，但他們發現了一處印加帝國金礦的遺跡，並探索了納波河（River Napo）源頭附近的山間叢林，那兒可是連南美印第安人都沒有去過的地方。

不過從食人魔峰回來後，莫的登山遠征就再也沒有贊助人或報社的眷顧了。莫跟朋友們開始往遠僻的山脈跑，就像他們以前夏天就去爬阿爾卑斯山那樣：邊爬山邊度假，自備設備，花費也自己買單。這讓他們得以把一種日漸職業化的活動回歸到業餘的狀態，而且這是自然而然地發自莫深信的愉悅原則：「遠征就應該要是好玩的，」他說。「沒錯，遠征他媽的很辛苦，你會有害怕的時候，但其主要的部分還是好玩。那當中要是涉入宣傳的考量，那事情就會變成誰想出名，誰就會漠視團隊而一意孤行，所有的事情在登頂面前都可以犧牲。嗯，我真不覺得登頂有什麼至高無上的重要性。想登頂你永遠可以改天再來。你爬山回來會記得的不是人站在山巔上目空一切，而是在路線中體驗到的點點滴滴。那個過程中最棒的感覺，莫過於你知道你可以倚靠別人，而別人也可以百分之百地倚靠你。像是在羅賴馬山上，當喬跟我在山壁上不知道過了幾天，但還是只爬完大概一半的高度時，我們曾來到一處叫做『非洲薄片』（Africa Flake；形狀像非洲大陸的岩石薄片），很糟糕的段落。當時是喬負責帶頭，但他才走了幾英尺就開始退後。他說他在緊張，因為他覺得那塊岩石不太對勁。直覺告訴他要是把營釘敲在了錯的地方，那整片非洲薄片都會被撬下來。所以說我那我來試試看。我們在來到非洲薄片之前是輪流領路，但我自薄片處開始換手後就連續領走了三段繩距。等我到達第三段繩距的頂端後，人真的已經精疲力盡了。我人懸在繩距尾端的休息點上，岩楔的放置位置不算太理想，靴子底下是一千英尺的空氣。我有點恐慌，而且全身溼透。就這樣我在那兒待了幾個小時，這段時間喬從下面朝我爬來，一路上從岩縫中回收裝備。等終於趕上我，他便開始進行確保。我說，『下一段繩距可以你來領爬嗎？』他大可以回答我，『我現在不想領爬。我滿身汗，我累斃了，我受夠了。我們今天就爬到這裡為止，開始回頭吧。』但他沒有這麼做。他領爬了下一段繩距，過程既艱難又危險，而我確信他之所以如此，都是為了我，都是因為他知道我想要上得山去。這種肉眼可見的心意，正是美好遠征的正字標記。有時候你會看見人可以自私到什麼程度，有時你又能看見人能無私到什麼程度。有趣的是你會傾向於原諒人的自私——只要不是太誇張——因為不論自不自私，大家在山上都已經吃足了苦頭。」

從外人的眼光看來，這種吃苦的程度實在是高到他們無法想像會有人覺得遠征喜馬拉雅或喀喇崑崙「好玩」。這些山實在是大得離譜、高得離譜，也遠得離譜。對只在——比方說北威爾斯——爬過一次山的人而言，踏進阿爾卑斯山等中大型山脈會讓他們從零開始學習起幾件事情：吃苦、忍受疲倦，面對一個又一個不在你控制之內的客觀危險，這包括可能出問題的岩質，也包括雪崩、落石，以及不穩定的天氣。但在阿爾卑斯山區起碼有個好處，那就是會有村鎮散落在谷地中，也會有舒適而打理良好的山屋被周到地安排在山裡；在某些區域，你甚至可以搭到纜車來縮短從谷地跋涉到登山口的距離。但在喜馬拉雅與喀喇崑崙這樣的超級高山上，所有的方便性都會蕩然無存，其他所有的問題也都會隨著高山的量體而被放大數倍：入山的行進會耗時數週，而不是幾個小時，路線的長度單位會變成英里，而不是英尺。雪上加霜的是極端的寒冷與會讓人變得羸弱的高海拔效應，再強壯的人也會變成慢動作。還有一種詭譎的因素會削弱人的力量，那就是在寸草不生的地帶一過就是好幾個星期，期間你目光所及都是岩石、雪與冰。而就算經得住這些辛苦，你也還得忍受遠征生活中那純然的污穢與乏味。莫的說法是：「有些人覺得他們受不了日復一日的生活如此不舒服。那就是會讓他們心情不好。而那事實上，正是普通人會有的反應。但很可惜，登山是一種極其菁英主義的活動，以至於當有人表現出正常人的反應時，其他人會說的是：『他對高度適應得不好。』但其實能對高度適應得好的人，都不太是正常人。你看到的那些能在高技術難度的超高岩壁上表現得宜的『波以森』們或『史考特』們，都是鳳毛麟角，因為高度達到兩萬出頭英尺以上，原本簡單的岩壁也會感覺極端。而能天天髒兮兮過日子還能受得了的人，也是另外一種神經病。除了其做為登山者的熱情與天分以外，鮑寧頓能在喜馬拉雅山上創下傑出的登山紀錄還有另外兩個很重要的理由：他受得了所有的不適，而且關於吃食他是當之無愧的俗人，一點都不講究——在他心目中，食物只要塞滿咖哩粉，那就算是土他也吃得下去。喬・布朗跟他如出一轍：只要夠嗆辣，那他什麼都吃。在遠征過程裡，不怕髒是種重要性不亞於不怕累的才華。像是在一九七〇年的安娜普納峰之行裡，唐・威廉斯就曾連五天住在帳篷裡，每天只靠粥與雪茄過活。大部分人在這種狀況下都會崩潰。至少現在的我肯定會——唐要是還活著也會。就算不崩潰，他們也會想著：夠了，這太不舒服了；我幹嘛自己找罪受；我大老遠跑來可不是要自己折磨自己。嗯，我本身跑去登山，倒不會想著要在山上覺得很愉快，我圖的是能在事後，在山下，感覺回味無窮。我不會覺得跟朋友們在山上度日是什麼生理上很享受的體驗。至於登頂嘛，算是錦上添花吧。但那也不是重點。總之你上山要是想過好日子，那我勸你還是算了吧。」

8

斯諾登模具 Snowdon Mouldings

然而在南特佩里斯村的家中，甚至於在莫增建了二樓之前，所謂舒適的標準就已經隨著斯諾登模具的業務蒸蒸日上而穩定提高。喬・布朗牌的頭盔在一九六八年由喬與莫聯手設計出來後，就在短時間內成為了錢花下去最不會後悔的精品，在登山界裡可謂人手一頂。德國高山俱樂部（German Alpine Club）測試過十六個廠牌的競品，結果喬・布朗頭盔在所有項目上的表現都遙遙領先；在一次辦於英國的裝備測試中，喬・布朗頭盔的避震能力好到實驗室去檢查了他們的儀器有沒有壞，因為他們實在是覺得這樣的結果令人難以置信。莫拿出他很擅長的山友版黑色幽默，製作了一件著名的推銷T恤，上頭的圖案是一頂JB（喬・布朗）頭盔底下有一團模糊的人形，外加一雙登山靴，至於標題寫的則是，「嗯，起碼他的頭看起來沒事！」最早在一九七一年，JB頭盔的口碑就已經好到一家背後有兩千五百個店家的日本經銷商跑來找莫下一張大訂單。只可惜在當時，他們整個產線只是在蘭貝里斯大街旁一間僅有四個人的小木屋。要吃下這張日本訂單，就代表他們得大幅擴產，而大幅擴產就代表萬一訂單後繼無力，工廠就得空著養蚊子。所以莫說服了自己，他告訴自己推掉日本訂單才符合做生意的道理，但當然他推掉訂單主要是出於一個更切身的理由。莫對斯諾登模具的態度，就有點像他第一次就業時在奧格文小屋擔任登山教練的態度：要他做可以，但這工作不能妨礙他享受登山的樂趣。換句話說，他想做生意而不想被生意做。從那之後，JB頭盔賣到了世界各地的山友手中，甚至還賣給了北大西洋公約組織與美國的聯邦調查局，斯諾登模具也在這個過程中不斷成長，莫也不再有「不做了」的念頭。但這並不影響他的愉悅原則，因為優先順序對莫而言永遠是：登山第一，賺錢第二。

只不過登山第一的原則其實也多少有助於生意，因為莫的登山經驗會源源不絕挹注到他用作登山資金來源的產品之上。包括在阿爾卑斯山的冬季路線上，也在喀喇崑崙山的困難冰面上，莫好幾次因為岩釘裂開或冰斧柄斷掉而陷入麻煩。由此他設計了一款鈦金屬的螺旋冰釘，還有一把材質是玻璃纖維的冰斧，兩項產品都標榜在任何情況下都不會斷。由於在蘭貝里斯已經騰不出空間做新產品，所以他在一九七五年頂下了蘇格蘭高地上一處閒置的教會，將之改裝成了工廠。雖然新工廠離他在威爾斯的根據地有超過五百英里之遠，但那兒是一個很美的地方，而且冬天在那兒登山非常棒。他把那支冰斧命名為「曲線者」(The Curver)，因為斧頭的頭部有著一道好似鷹勾鼻的曲線，同時他也為這產品製作了一件宣傳用的T恤，背面是斧頭頭部直直埋進穿衣者兩道肩胛骨之間的圖片，外加一句標語是「獻給想砍得更深入的你」。正面則是斧尖從看似血淋淋的胸口中冒出來的圖片。

「曲線者」是以硬冰行家為銷售目標的專業級工具，但其銷量從未達到可以盈利的水準。「這傢伙的成本高到要是我按現實去訂價，那恐怕一支也賣不出去，」莫說。他的生意後來得以出現質變與量變，是因為他設計出了一頂帳篷。「我真的受夠了在遠征時用那些沒顧慮到高海拔需求的帳篷，」他說。「那些帳篷會漏水，會塌。那些帳篷讓你在極端條件下搭不起來，或是勉強搭起來了營柱卻說斷就斷，然後整頂帳篷就倒在你身上。所以我就想說我來照自己的意思設計一頂好用的帳篷。」由此他發想出來的，就是「帽貝」（Limpet）[25]這個充滿巧思的新品。帽貝巧就巧在它不論在任何地方都可以只花幾分鐘就搭好，不需要拉索，且有具彈性的營柱可以撐起帳篷的形狀，主要是其營柱就像釣魚竿一樣，是用不會斷的拉擠玻璃纖維製成，並且會被插入帳篷布裡的空管中。帽貝花了莫兩年設計，如今在市面上有五款仿品（但這五款山寨帽貝都缺了能不拉索就把自己撐起的基本賣點）。此外原版帽貝還為斯諾登模具催生出了一整個家族的帽貝系列產品：四種登山野營睡袋，外加一個「公司長子」般的存在叫做「迷你圓頂」（Mini-Dome），你可以將之想成是一人帳篷與野營睡袋雜交出的東西。這些產品如今有迷彩面料版本，成為了英軍的用品。雖然英國國防部並沒有給過斯諾登模具任何正式的訂單，但該公司生產的裝備在團級單位中可以說十分暢銷，如知名的空降特勤團（SAS）與皇家海軍陸戰隊都是斯諾登的常客。事實上在英國與阿根廷爭奪福克蘭群島的福克蘭戰爭中，英軍就用上了一千個斯諾登模具的野營睡袋。皇家空軍在挪威的雪中測試過帽貝帳篷，帶回了五點批評。而莫則是告訴了軍方一個好消息：他早就想到了這五點問題，並在第三版產品中完成了改進。皇家空軍正在評估把帽貝帳篷放進他們的直升機求生包裡。

帽貝帳篷與她的「孩子們」都是用Gore-Tex這種防水透氣的神奇布料製成，這代表外面的水分進不來，裡面的蒸汽可以散出去。只不過要發揮這些能力，Gore-Tex需要有配合的特殊生產機具：要保持防水，其縫線處必須在針線縫好後用膠帶輔以熱氣封住。為了讓機具投資變得有道理，也為了把多出來的產能用好用滿，安東尼夫婦開始生產防水衣物。他們生產防水衣物的做法與生產其他產品並無不同：他們都是觀察市面上的產品，判斷有哪裡需要改進，然後確認他們的工藝可以盡善盡美。跟莫一樣，潔姬也發現了自己滿腦子都是聰明的設計；對品質也有一種潔癖的她堪稱完美主義者，馬馬虎虎的成品會在她身上激發出一種不符合金髮美女形象的怒氣。一開始她是在家裡，跟一小群被硬拉來的在地婦女一起工作，由這些婦女協助她又是裁切、又是縫紉、又是熱

25 原意為一種會緊緊吸附在岩石上的腹足綱動物。

封，但大量的產品很快就淹沒了屋子。除了原本的帳篷與野營睡袋，現在這個家庭工廠裡又多了各式各樣的防水外套、防水長褲、雪地用綁腿，還有滑雪時穿的吊帶褲。然後莫又覺得好像沒有人認真思考過手套在高山上的用處，但其實手指凍傷在登山界是一個大問題。他為此提出的解決之道是一款名為SM Mitts，外面是防水Gore-Tex布料而裡面是溫暖纖維絨的連指手套。英軍同樣對這項產品萌生了興趣。

一九八二年，莫租下了蘭貝里斯附近的一處舊校舍給潔姬跟她的小組使用。然後在一九八四年，他關掉了蘇格蘭高地教會的冰斧工廠，同時在蘭貝里斯購置了一間小教堂。「我之所以喜歡教會（與教堂），是因為它們就是一間沒有隔間的『大通鋪』，」他說。而他這次購置的小教堂是一棟規模其實不小而且穠纖合度的建築，其外牆——由莫塗上了防水的白漆。相較於周遭那些小不隆咚的排屋，這小教堂感覺宏偉多於優雅。莫親自將之改造成了工廠（年屆中年的他似乎迷上了建築，且其癮頭不下於登山），為此他先整平了原本像劇場似地有個坡度的一樓，然後插進了一個夾層來做為此建物的水平隔間。這小教堂有著高而斜的屋頂，所以暖氣用起來費用很高。對此莫的解決之道是把天花板弄矮。他把矮天花板用鋼製的繫條掛在巨大的屋頂橫梁上，然後再將之栓緊到橫梁之間那些較小的托梁上。跟下方的地板一樣，天花板的面積也是兩千平方英尺，但兩者水平程度的誤差不超過半英寸——這細節讓他頗為欣慰。

小教堂被隔出的上層，現在變成了頭盔工廠，一個瀰漫著強烈的苯乙烯味，但潔淨明亮的空間。（「那〔個化學味〕就像威爾斯的降雨一樣，」莫說，「習慣了你就覺得沒什麼了。」）就像燒陶的地方會有一大堆陶器的半成品，頭盔也在這裡堆滿了架上，並根據不同的完成階段處於不同的工作臺上，有的還有著粗糙灰白的外殼，有的已經是拋光完成的亮紅、亮橙、亮藍、亮白。製作頭盔的師傅千篇一律地，都是男性。為了讓他們開心地忘記嗆鼻化學味的法寶，屋裡的某面牆上釘著一張真人大小的彩色照片，上頭是一名斜躺的裸女。房間中央有一間玻璃隔間辦公室，主人是莫的哥哥艾德里安（Adrian），他同時也是頭盔生產的負責人。艾德里安開朗外向好相處，身材比莫稍高但纖瘦很多。他組織能力強且做事極有效率，惟他雖然也會偶爾上山，但絕非莫口中那種「專家級的登山者」。所以他們的分工是艾德里安負責日常的工廠營運，至於產品技術研發就交給懂登山的弟弟去傷腦筋。

用來生產Gore-Tex產品的樓下也一樣明亮安靜，頂多有做為機具電源的發電機會發出壓縮空氣的嘶嘶聲。惟因為有十六名機具技師與裁切工在場——女性為主且全都是在地人——再加上潔姬跟女性經理莉茲．克魯（Liz Crew）在一旁調度，所以整個一樓感覺十分擁擠。兩大張桌子加起來，就是整個房間的長度；其中一張是裁切桌，另一張上頭則排滿了機器。兩張桌子都是莫自己做的。三十卷Gore-Tex——每卷要價一千鎊——被存放在裁切桌底的架上，同時兩張桌子的邊緣排著一箱箱的綁腿、連指手套與野營睡袋，外加一疊疊用塑膠袋裝著的外套，每一個包裝上都寫著客戶的名字。一頂第三版的帽貝帳篷被立起在了兩張桌子之間，而莫時不時就會走上前去看兩眼、拉一拉、自顧自地咕噥個兩句。潔姬與一名機具技師在密切地商討著一件時髦且講究的滑雪外套跟吊帶褲，配色是紅色跟亮藍。這套特製滑雪服的準主人是十八歲的在地子弟提姆．洛伊德（Tim Lloyd），他正為了在英國的奧運滑雪隊上搶得一席之地加緊訓練。午餐時間，由於我參觀新工廠的時候正好是聖誕節前夕，工作人員集體移駕到了最近的酒館，在那兒像一群嘰嘰喳喳的大家庭八卦了起來，而莫則給他們點了難以入喉的酒——波特酒佐檸檬、拉格啤酒加黑加侖、蛋黃酒加檸檬水。一個小時不到他們就全回到了工作崗位上，看起來毫無異狀。

那天午後稍晚，莫跟我冒雨開車六英里到一個小小的工業園區，地點就在卡納芬（Caernarvon）的郊外，原來就在六個月之前的一九八五年五月，安東尼夫婦與一家叫科茲窩露營（Cotswold Camping）的公司合夥在那兒開了他們的另外一家小工廠，用來生產打獵、射擊與釣魚愛好者所需要的服飾。新公司名為「阿夸貝塔」（Aquabeta），並主打以Gore-Tex取代傳統油蠟棉布來製成的獵人外套與防水長褲。莫在那兒有一處一千平方英尺的單一空間——他照舊自行打造了工作臺，電線也自己拉——但正準備要拓展規模到隔壁一間類似格局跟大小的地方，主要是阿夸貝塔已經開始發達，業績蒸蒸日上。他在園區裡的鄰居們有蘿拉·艾胥莉（Laura Ashley）[26]，外加兩家蓬勃發展的電腦企業，看

26 英國著名時尚品牌，台灣也有櫃位。

起來情勢一片大好。（並沒有，因為這次的合夥並不成功，阿夸貝塔只撐了一年就玩不下去了。）

我說一個衣櫃裡只有牛仔褲、T恤與半套西裝的人會搞起衣服的設計，是件很奇怪的事情。「我們的市場利基不是時尚，」莫答道。「時尚圈有數以百計的廠商在競爭，那兒已經是割喉戰的紅海。總之我對於時尚只知道一件事情，那就是紅色要搭配藍色。我的市場調查就是去山友們聚集的咖啡店裡逛一圈，看看那裡最流行的是什麼配色。山友們是一群很保守的人，而他們喜歡的顏色——相信我——是海軍藍。我覺得關於設計，很多人說的都是狗屁，登山設備的設計尤其如此。像攀冰就貨真價實是一種『挖土工人』式的運動：對新手而言，自己的洞你就是要自己挖。[27]若說到攀岩——你只要具備跟黑猩猩同等級的手指（可以抓住握點），就可以出發了！這些都是你在設計裝備時要有的基本認知。很多人愛問，『這（衣服）有這個功能嗎？有那個功能嗎？』我是覺得只要衣服合身、防水，該有的功能有，而且不至於醜到讓你看起來像是一袋馬鈴薯，那這衣服就沒什麼問題。要過度設計真的太容易了。我看過一頂帳篷上面有二十四條拉鍊，而現在有些外套則是口袋多到像瘟疫病人身上的斑點。這種東西如果是要放在《Vogue》這種時尚雜誌上當封面，那完全沒問題，問題在這種東西不適合山上。好設計的一個經典案例是法國滑雪選手讓－克勞德・基利（Jean-Claude Killy）的滑雪服：它們不炫，但製作精美，完全符合滑雪所需，同時價格高貴。我從來沒聽過有人說基利的裝備壞話，而十年後這些東西也絕不會退流行。這些是我很感佩的設計原則，我也想將之用在我自己的產品裡面。我會親身在山間測試裝備，也會一天到晚從其他山友處獲得回饋。剩下的就是品管了。本質上，設計是要針對基本的問題構思出簡單的解法。但你可能想不到的是，就這麼個目標，很少有人能做得到。我看過一個電視節目講的是單人橫跨大西洋的帆船比賽。稱得上有做好規畫的參賽者，只有一個傢伙——那是名六十歲的美國人，他不但衣服一直都是乾的，而且每一餐都有好好吃飯——而他最後也贏得了比賽。其他人根本不知道自己在做什麼，所以你會看到一大堆參賽者在那裡發抖，全身溼答答的，然

27 不同於攀岩，攀冰需要在光滑的冰面上打洞來做為握點。

後又餓又慘。他們缺的其實就是一件像樣的Gore-Tex衣服，再來一個野營睡袋來保護他們的睡袋不會結露。但他們誰也沒有準備這些東西，但其實他們的帆船都耗資幾十萬鎊。要是山友們在山上就跟這些參賽者在船上一樣，如此隨興地『照顧』自己，那他們就是有十條命也不夠死。」

從卡納芬開車回南特佩里斯時，風勢隨著光線變暗而開始變強，帕達恩湖上跑起了白馬（掀起了白浪）。雲層降下來，覆蓋了整片蘭貝里斯山口，遮蓋掉了群峰，雨勢開始像鼓起的巨大窗簾一樣，移動在其下方的峭壁邊緣之間。前一天還只有岩石跟青草的地方，現在出現了暴躁的溪流與微型瀑布，點綴著山丘的坡面。兩英寸深的水，灌過了整條路面，車子從水中犁過會拖出一條羽狀的水花。沿著往提恩懷菲儂前進的小徑，一旁的溪流已經淹沒了路肩，蓋過了他們的鞋面。

進到屋子裡，樓下兩間起居室裡各有一個金髮的小女孩在電視機前面。三歲的裘（Jo）像個異國嬪妃一樣嫵媚地癱在一張椅子上，看著電視上的卡通。莫見狀說了句「哈！」，然後扮演起了他平日都會扮演的怪物，拖著一隻腳，恐怖兮兮地胡言亂語起來。裘先是尖叫了一聲，然後任由自己成為被搔癢的對象。在另外一個起居室裡，十個月大的比爾（Bill）被安放在他爸爸那「腹地很深」的單人沙發裡，煞有介事地看著晨間新聞。他用兩手握著一罐啤酒，聚精會神地想小酌一下。話說那罐啤酒還沒有拉開。

到了樓上，我在一只包裝用的板條箱上坐下，看著莫粉刷起第二間大臥房的護牆板——這裡最終將成為孩子們的房間——然後跟他聊起了他在一九八六年有哪些遠征計畫。六月份他跟喬．布朗要去阿拉斯加爬麥金利山（Mount McKinley）[28]，而且要爬兩次——第一次走正常的路線先沿西拱壁而上，然後第二次再從南拱壁挑戰那兒難度高出許多的卡辛脊（Cassin Ridge）。要是阿拉斯加之行順利（結果確實順利），那他們就會先回威爾斯休整一個月，趁這段時間增肥，然後加入一支英國隊去挑戰尚未有人爬過的聖母峰東北脊。東北脊是遺留在聖母峰上的一大問題，而且這個問題的「尖刺」是長在它的尾巴上：一系列困難的岩柱座落在兩萬七千與兩萬八千英尺之間。這會是一支很大的隊

28 北美洲第一高峰，海拔六一九〇公尺。為了尊重當地原住民，於二〇一六年更名為當地人所稱之「德納利峰」（Denali），德納利為「高山」之意。

伍——十六名登山者——但隊裡的中國隊員已經宣布此行不會有挑夫可用。

「那不成問題，」莫說。「在（聖母峰）北邊你可以開卡車到一萬九千英尺處；然後你可以找頭犛牛跨上去，直到兩萬一千英尺處再下來。」

就算如此，我說，他跟喬這個年紀去挑戰聖母峰上最困難的路線，不會老了點嗎？

「沒問題，」莫回答說。「喬說只要我們把自己包得暖呼呼，晚上好好睡覺，那問題就不大。」一想到要去爬聖母峰，訓練過程就充滿了魔力，而這是莫做為一名登山者平常不太會沉浸在其中的領域。每星期有兩個晚上，他會在人造的登山牆上練習，然後第三個晚上，他會進行體操與伸展練習。每逢週末，他會風雨無阻地出門登山。「我不會年年往聖母峰跑，所以把體能調整到最好是我起碼能做的事情，」他說。「這樣即便最終沒登頂，我也可以說『這真的超乎我的能力，我高估自己了。』就算上不去，我也不想推說是自己沒有做好身體管理。」他以前會說——而且他說得沒錯——他大部分的訓練都是完成在酒館裡頭。但此刻他去皇家維多利亞酒吧見朋友的日子只剩下星期三、星期五與星期六，其中星期三與五他規定自己只能喝三品脫英式苦啤酒，星期六如果爬得順利，他會把苦啤酒的「扣打」（額度）調高到六品脫。

「那菸呢？」我問。

「你還真會問耶，我才剛在想著抽菸的事情。我是想說，這事兒我最好處理一下。總之我先來一根吧。」他點了菸，心滿意足地吸了一口，然後接著粉刷起護牆板。隔會兒他開了口，「我抽到一月九號。一月一日太刻意了，而且我也不是那種新年新希望能做得到的人。」

莫以前也戒過一次菸。他跟另外一個老菸槍山友打了個賭：誰先點了菸，誰就要給對方兩百五十英鎊。六週後的一個星期天早上，這個老菸槍現身在莫的家中，一臉鬼鬼祟祟。他先是兩腳不知道往哪兒擺，抓了抓脖子，然後掏出了支票本。他前一晚人在派對上，他說。現場氣氛很熱烈，眾人都是人手一根菸。那個誘惑實在非他能忍受。

「要不我給你那兩百五吧？」他問。

「給我根菸就好了，」莫答道。

一九八六年一月的第二次戒菸，莫堅持了僅僅兩個禮拜。

9

任務
The Mission

有一回，我們聊到他兩趟前往厄瓜多尋找印加帝國的黃金，莫不經意地針對他心目中的愉悅原則，給了我一個簡單的解釋：「我喜歡冒險，」他說。「而且不僅僅是山間的冒險。我也喜歡去叢林、溪流處一探究竟。我喜歡去沒有人去過的地方——那些地圖上是一片綠色的地方。」這種對冒險的好胃口，結合他在任何狀況下都可以照顧自己的實力，為他創造出了一種閒一點的人不難拿來牟利的斜槓身分：他會以安全顧問或登山攝影師的身分參與拍攝英國電視上很流行的攀岩紀錄片或場景設在山區的電影長片。

莫帶去爬食人魔峰的「超八」(Super 8)手持攝影機並沒有替他贏得BBC的米克·伯克獎，但這次經驗確實讓他初嚐了拍電影的感覺，也讓他學到了一些東西。食人魔峰以一種很極端的方式證明了他那句話說得沒錯，那就是登高山者半於登頂：登山的時候，山頂只是個中途點。事實上以食人魔峰而言，山頂只是他們的起點。很可惜的是莫在史考特與鮑寧頓登頂時用掉了最後的底片，所以那史詩般的下山過程沒得入鏡。

從那之後，他每次遠征都會帶上一台八釐米的攝影機，希望把登山者嘗試登上高峰時的真實感受收穫到底片上。「還沒有哪個拍片者成功捕捉到高山遠征的實際氣氛，」他說。

那混雜了興奮與恐懼——首先是接觸一座新山所帶來的興奮感，然後是磨人的登山作業與壓力的逐漸積累，主要是你會開始意識到隨便一個雪崩就可以把你沖走，一堆冰峰可以掉下來壓死你，或是你也可能掉進冰隙。運氣好的話，這些事情不見得會發生，但心理壓力還是會不斷在每個人心裡愈來愈大。

然後只要你一登上山頂，或你一決定撤退，心中這顆隱形的大石頭就會落下，人的感覺也會立刻不同。從來沒有哪一隊專業的電影組員將這些細節拍下來，因為對拍電影的人來說，一切都充滿了新鮮感，而且他們拍起東西也沒有一個方向感。他們只是看到什麼拍什麼，問題是他們看到的東西跟登山者的感受，是不一樣的東西。

他自己那部獨家而真實的遠征電影，距離完成還早得很。但他畢竟已經拍下過幾百英尺底片，而這些經驗教會了他一些事情，一些BBC需要一名岩壁攝影師去垂降下懸崖，好拍攝喬．布朗與潔姬在蘇格蘭格倫科（Glencoe）進行攀登之畫面時，會用上的事情。莫說過：「超八讓我牢記住一件事，那就是拍攝時不要自作聰明。這到現在仍是高山拍片的金科玉律：讓登山者的動作說話，不要想搞一些有的沒的花招；你就是把畫面抓好，然後穩定在那兒；不要一會兒想要拉近，一會兒又想要橫移，因為除非你是厲害到不行的攝影師，否則動來動去只會把東西愈弄愈糟。比起十六釐米或三十五釐米攝影機，現在的業餘攝影機複雜到一個離譜的境地。現在的攝影機太多噱頭了——按這裡是放大、按那裡是近拍，認真按你真的按不完——所以一機在手你真的會忍不住想裝一下可愛。嗯，人生有很多誘惑，但我開始幫小英（Beeb，英國廣播公司的暱稱）拍片後就一直忍著沒被新功能牽著走。我只是握穩攝影機，導演麥可．貝格（Mike Begg）想看什麼我拍什麼。如果他說，『我想要特寫喬的雙手，』我就拍手，而且他不喊停我就不亂動。我不會想自己亂當狗屁藝術家，而我猜這一點對麥可來講，應該也鬆了一口氣。他也意識到了由真登山者掌鏡的好處是攝影師對接下來會發生什麼胸有成竹。內行的攝影師會知道哪個步驟是登山者心目中的難點。如果登山者要失手摔落，練家子的攝影師知道他將失手在哪一個握點。普通的攝影師不會知道這麼多，以至於關鍵時刻他會把鏡頭對著天際線，在那兒拍一些美則美矣但不知所云的東西。除此之外，不懂爬山的攝影師遇到尷尬的地形，他會擔心起自己的安危，而這就會使他無法專心在拍攝工作上，反之會爬山的攝影師就可以全心投入拍攝的環境。」

對莫來講，攝影師工作的主要意義在於讓他多出了可以去爬山的假期，費用全免，最後還可以領一筆費用。但在電影的世界裡，事情往往會一件接著一件連續發生。一九八二年，名導演弗列德・辛尼曼（Fred Zinnemann）前往瑞士拍攝一部由史恩・康納萊（Sean Connery）主演的高山電影叫《冰壁的女人》（*Five Days One Summer*）。莫原本簽了約要擔任安全顧問，但接著他又被送去惡補了新式Ariflex攝影機的用法，然後收到了一份擔任助理攝影師的合約。他、喬・布朗與哈密許・麥金尼斯在瑞士的阿爾卑斯山區度過了大半個夏天，每天做的事情大概就是：把冰隙調整到電影組員可以安全行動的程度，在壁面上上下下與冰穴裡裡外外操作裝備，在涉及攀登的影片段落中擔任替身，負責替每個人注意危險，以及培養自身對昂貴香檳的品味。

莫還學會了Ariflex拍攝技術中的種種微妙之處：他負責打板跟裝底片，拉焦距、清理攝影機的（底）片門、更換鏡頭跟濾鏡。但按照拍片現場的嚴格尊卑排序，他身為助理攝影師唯一不能做的事情，就是從鏡頭裡望出去。然而莫還有別的辦法可想。這部片的主攝影師是亞瑟．伍斯特（Arthur Wooster），而他不僅曾因為在危險的地方拍片而出名，甚至還因此得過獎。按照莫的說法，他是個「帥氣的傢伙」，「但也是會走路的死亡陷阱。他刀山油鍋都敢闖，但那主要是因為他該死的盲目與無知。」或許正是因為這種個性，所以伍斯特對登山世界裡那種與生俱來的無政府主義，毫無抵抗力。「我那時候會說，『讓我們看一下嘛，亞瑟，』然後另外一個助理攝影師就會心生恐懼而哀號起來，」莫說。「但亞瑟並不放在心上。對他來講，我就只是個想來學習怎麼拍電影的外人。所以他非常樂於幫忙。他跟我說了什麼事應該做，什麼事不能做，也分享了他是怎麼用景框來構圖，乃至於其背後的理由。他很清楚我想知道這些東西，不是要跟他搶工作。」

就這樣一件事情接著一件事情，莫的電視工作愈來愈多，當中包括一系列由鮑寧頓主持的湖區攀登節目，一部喬・布朗的傳記電影，一個玩世不恭的搞笑節目裡由布朗與超重到驚人的唐・威廉斯在睽違了三十年之後，去重爬他們早年在威爾斯挑戰過的一條困難路線：墓地門（Cemetery Gates）。（在某個點上，滑溜的岩石表面讓威廉斯陷入了苦戰，而就在他看似要敗下陣來的時候，威廉斯大叫了一聲，「下次你要帶我來記憶甬道裡散這種垂直九十度的步，麻煩你先確定石頭是乾的！」）史恩・康納萊主演的電影長片，又出現了第二部，這一次的片名叫《時空英豪》（*The Highlander*）。然後在一九八五年，當製作人大衛・帕特南（David Puttnam）與導演羅藍・佐菲（Roland Joffé）前往阿根廷的伊瓜蘇瀑布（Iguazü Falls）拍攝電影《教會》（*The Mission*）時，他們發現自己需要專業人士來協助處理懸崖與河流與壯觀瀑布等環境因子。於是又一次，布朗、麥金尼斯與莫被派了過去，而這次他們真是樣樣都來。除了登山，他們還是劇組裡的安全顧問、特技演員、替身，甚至於他們還搞定了一些特效。他們或徒手或用繩索往上從瀑布中爬過，他們扛著攝影機與獨木舟上到了絕壁表面，並一路把繩索從河岸邊固定到位於兩百五十英尺高瀑布邊上的一塊岩石上面。但這只不過是他們一部分職責，因為布朗還當起了勞勃・狄尼洛（Robert de Niro）的替身，而莫的替身對象則是傑瑞米・艾朗（Jeremy Irons）。（「那是因為我身高有六呎二，而且又有金髮！」莫解釋說。）在拍攝工作結束前，現場的電影人已然意識到在具有危險性的外景地，膽大心細跟實力缺一不可，由此有登山專長的人在現場是絕對的可用之兵，即便劇情裡沒有太多的登山戲份也不影響這點。

我收到莫的最後一張明信片，是在一九八七年九月，來信的地點是以色列。又一次他參與了電影的拍攝工作——這次的劇組是藍波系列的《第一滴血》第三集——也又一次他爬起了垂直的岩壁。這一次他渾身抹得油亮，亮到他活像是展示廳裡的嶄新車輛。席維斯・史特龍（Sylvester Stallone）是他這回要替身的對象。

對於登山者本身，電影工作的意義不只是去往異國的免費機票，也不只是有優渥的薪水可領跟慷慨的費用可報。電影工作還代表莫可以享用不盡那道他最喜歡的菜餚：冒險。「電影讓我喜歡的地方在於其最棒的東西往往說來就來，什麼招呼都不打，就像天上突然下起餡餅一樣，」他說。「前一秒你還坐在威爾斯的家裡看電視，福克蘭戰爭此時結束才兩年，打死你也想不到一週後你就會跑去阿根廷——某個地球上的人間仙境——打扮成耶穌會的神父，然後在那兒爬起瀑布。」

10

霍伊島的老人

The Old Man of Hoy

相差十歲的莫跟我在二十幾年前第一次一起爬山時，年紀好像不是什麼很重要的因素。當然那不代表我們的登山實力差不多，因為事實上，很多他可以順利爬上去的攀登目標，我連開始都開始不了。但這對我們一起爬山構不成困擾，因為他都會特意挑選他覺得在我能力範圍內的路線。同時他還會很體貼地走在我前面，替我開路。我們之間有個心照不宣但非常清楚的合約：爬這些山是在餵飽我的老鼠，不是他的。

近來我內心的老鼠常常在沉睡，很偶爾莫跟我一起爬山時，我們去的都是一些距離不長而且搔不到癢處的路線，敘舊的成分比較大。但在內心深處，我想，我還是偷偷渴望著能跟他再去最後一次爬個轟轟烈烈的大山，甚至再最後一次來個輕度的史詩難關，然後我才甘願高掛登山靴。而這樣的機會，也真的來了：一九八五年的夏天，一個朋友來電問我要不要去爬「霍伊島的老人」（the Old Man of Hoy）。這個朋友是喬治・邦德（George Band），他在一九五三年時曾是第一支遠征聖母峰成功的隊員，同時在兩年後，他又偕喬・布朗首登世界第三高峰干城章嘉峰成功。從那之後，他在石油生意上就跟爬山一樣平步青雲，如今他已赫然成為ＵＫＯＯＡ，也就是英國離岸業者協會（United Kingdom Offshore Operators Association）的理事長，負責為從事英國離岸鑽油作業的業者供與外界溝通的渠道，也提供他們進行內部磋商的論壇空間。換句話說，他是石油公司會想巴結的對象。所以當西方石油公司（Occidental Oil）邀請他去參觀他們在弗洛塔島[29]的油庫時，他將計就計提出了一個要求，那就是既然要大老遠去弗洛塔島，那他索性招待些朋友過去，然後大家一起去爬一下霍伊島的老人。小西（Oxy，西方石油公司的暱稱）立馬就答應了要作東來統籌此事。

跟我同年的邦德——我們那會兒都是五十六歲——邀請了他比他小三歲的朋友理查・賽克斯（Richard Sykes），還有才二十歲的彼得・埃文斯（Peter Evans），其中彼得的父親是邦德在一九五三年爬聖母峰時的隊友。邦德電話打來時，我推薦了莫，而莫則推薦了三十三歲的保羅·特勞爾（Paul Trower），主要是在自我放逐於蘭貝里斯的英國人當中，特勞爾是裡頭數一數二有天分的登山者。姑且不論我們此行能有什麼成績，起碼我們可以斬獲一項頭銜，那就是「攀登霍伊島老人的（最）老（之）人」：我們六個人加起來有兩百六十四歲，平均起來一人四十四歲。這還是被彼得·埃文斯給拉低了，否則我們的平均年齡應該是四十九歲。小西另外又加了兩名隊員：一名叫做克里斯·三上（Chris Mikami）的攝影師，以及一個從公關部門叫來，負責後勤管理的亞利克斯·布雷克－米爾頓（Alex Blake-Milton）。

霍伊島的老人是霍伊島西北岸邊的一根海蝕柱，是從大西洋中倏地拔起的一座石塔。我見過它兩回，分別在一九六七與一九八四年，但都是在BBC的電視上。兩次它都讓我想起我理想中的登山目標：一個狂野而美麗的處所，陡峭的岩石、陽光、遠遠的下方就是大海。然而，在一九八五年九月一個灰色週六的大約上午八點半，我隔著距離

29 Flotta，位於蘇格蘭東北角外海，屬於奧克尼群島（Orkney Islands）的一部分。

看到了它第一眼，它看起來簡直有點讓人失望，怎麼瞧怎麼人畜無傷。

時間推回到一個半小時前，我們集合在斯特羅姆內斯[30]碼頭的時候，下過雨的街上閃閃發光，港邊散落著一塊塊拼布般的水窪。然後我們搭了半小時像是野馬般狂奔的渡輪，先穿過仍在晨光中猛眨眼的格雷姆賽島（Graemsay）燈塔，再橫越了斯卡帕灣（Scapa Flow）的灣口，朝著凸起在海面上又大又暗的霍伊島而去。在普遍地勢低矮的奧克尼群島中，唯獨霍伊島有著貨真價實的丘陵與直直落進海中的險峻峭壁。在霍伊島的後方，西邊天際飄著黑色的雲朵，但就在我們晃啊晃地在起伏中晃進灣中時，斜陽也從東方緩緩升起，凸顯出了我們身後那些在斯特羅姆內斯的花崗岩屋子。在格雷姆賽島上，有處舊石堡跟一排荒廢的掩體。在海峽的中央——我們船尾在下，船艏高高翹起——躺著一艘催人憑弔的商船殘骸。一戰時的人刻意將船弄沉在那兒，是為了阻止德國潛艇進入斯卡帕灣，畢竟那裡是英國艦隊停泊的巨大天然良港。浪頭在呼嘯中拍了過去——此時的浪潮是以九節半的速度在流動——而其鏽蝕的艦橋上則立著一整排海鳥，大部分是鸕鶿，看上去就像憂鬱的通勤者在等待早上的火車。沒在排隊的其他鸕鶿——不愧是一種脖子長而氣質差的鳥類——為了尋找早餐而從海面上飛掠。我們坐在船尾，看著風兒像鞭子抽在有如白馬跑過斯卡帕灣的浪花上，而克里斯．三上則跑來跑去，為了拍下官方的照片而忙得不可開交。

「是訃聞要用的嗎？」莫說。

渡輪把我們放下在霍伊島上的小碼頭，然後就匆匆離開了，彷彿島上受了什麼汙染似的。碼頭邊是一棟上了鎖的小建築，有點像戶外廁所，然後小建築旁邊的一根柱子上，則豎著一幅措辭相當嚴峻的公告：

霍伊島的老人。謹此敬告登山者，這一帶既無合用的救援裝備，也無具經驗的攀岩者。所以從事各種活動請自負風險。

30 Stromness，奧客尼群島之主島的第二大城，定期有渡輪往返蘇格蘭。

停在碼頭邊的是一輛廂型車，裡頭擺滿了前一天從斯特羅姆內斯用渡輪載過來的裝備。我們默默地開始開車橫越島嶼，途中我們看到兔子從路中間逃竄到蘇格蘭代表性的石楠灌木叢中。雨又下了下來。然後太陽從深藍色的雲縫中探出了頭來，偌大的彩虹短暫地矗立在拱衛萊克維克（Rackwick）小鎮的山丘之間——這小鎮就是一小撮散落在某寬闊灣區內的石屋——外加沿著遠端的岸邊能看到高高的、橘黃色的斷崖。

我們把廂型車停好在萊克維克青年旅館的旁邊，給自己裝備上繩索與背包，開始一步一腳印地踏上村莊後面往上方切穿丘陵側邊的長長路徑，目標是某條山脊那偏鈍的巔峰。在那道山脊背後是一處廣闊而彎曲的濕地——裡頭的石楠與沼澤泥炭大概是四比一的比例——然後就是做為邊緣的絕壁消失進了海裡。在濕地那大概有一英里遠的西北角，最遠處的海角之外，就能看到一柱擎天的霍伊島老人，看似小朋友畫的工廠煙囪——歪七扭八的輪廓加上帶著個斜度還長著青草的頂端。那看似一個弱不禁風的小東西，比起毗鄰的海角頂多高出個五十英尺。我原本還不解霍伊島老人有什麼好大驚小怪，直到我步履維艱地通過了濕地，來到了海角的邊緣，然後往下一瞧。

一百碼外，在曾經是岩拱但如今只剩一堆大石頭的岩質陸岬末端，霍伊島的老人從大西洋的海面直衝天際，就像上帝在訓誡人的手指。霍伊島老人底下的基座是花崗岩（否則早就被沖進海裡了），但老人本身的材質是奧克尼砂岩的紅陶色調，高度四百五十英尺（約一百三十七公尺），形狀切割得整整齊齊，頂端的面積與基座差不多，惟其中段的部分稍微外凸，就像個中年發福的男人，由此不論你爬哪一面，都一定會遇到至少一段很嚴重的外懸。你可以將之想成某種不修邊幅又小腹微凸的倫敦郵政塔（Post Office Tower；現在的倫敦電視塔）——用大衛．瓊斯（David Jones）描述一戰炮火猛轟西線的話來說就是，「與我們的脆弱簡直不成比例」。我心想，早知道要爬這玩意兒，我一定會先鍛鍊一下。

太陽再次露出臉來，但一陣強勁的西南風從大西洋吹進來，讓花崗岩基座四周的浪被拍得老高，同時遠遠地在海中央，斜斜的灰色雨柱穩定地朝我們的方向逼近。有人曾經這麼形容過人的魚水之歡：「性事好的時候，那真的是好得不得了，而性事差的時候，也差不到哪裡去。」而霍伊島的老人看起來就會是這麼回事：它難爬的時候，那真

霍伊島的老人。
© Paul Stephenson／Wikimedia Commons

霍伊島的老人近照。
© Colin Kinnear／Wikimedia Commons

的會難死你，而它好爬的時候，也好爬不到哪裡去。

我們的計畫是要爬最簡單的原版路線，也就是從東壁上去。這條路線的首登是在一九六六年，當時組隊的三名強者分別是：拉斯提．貝里（Rusty Baillie）、湯姆．派提（Tom Patey），還有克里斯．鮑寧頓。但即便是強如他們三個在爬最大難點——距離又長，岩壁外懸程度又大的第二段繩距——之時，也使出了人工攀登的手法：岩釘、繩梯，張力橫渡[31]技法的組合。從那之後，遊戲規則就出現了改變，這整條路線包括岩壁外懸的部分，都變成以自由攀登的方式進行，而其技術難度的分級是落在5a，語言表述是「非常嚴峻並偏難」(Hard Very Severe)。「正好是你的風格，」莫向我保證，意思是這條路線爬起來主要靠蠻力，而不是靠技術。這話在十年前或許成立，畢竟當時四十五歲上下的我還算把體能狀態保持得不錯。但如今我就不敢這麼說了。我剛從待了一個月的義大利回來。在那兒我按照莫給我的建議，只爬了兩天山，其他的時間則都在練習當莫所謂的

31 tension traverse，前面的開路者會請後面的確保者收緊繩子來提供張力，然後自己再利用小握點的摩擦力向側邊移動。

「陵墓中的埃及法老」[32]；換句話說我一直躺著在做日光浴，同時兩眼緊閉。

保羅跟莫都不是第一次爬霍伊島的老人：保羅有過一次經驗，十年前；莫以登山攝影師的身分，替第二部找他的BBC攀岩紀錄片爬過好幾次，所以他們都知道在等著自己的是什麼——長而困難的攀登、辛苦的下降過程，外加三個似乎不太應該來湊熱鬧的老傢伙——並據此擬定了計畫。保羅做為一名不是普通強的登山者，會負責在前方開路。莫會跟在他後面，收拾好保羅用完的大部分裝備，只留下他判斷其他人會需要的部分。所謂其他人，就是含我在內的三個黃金高齡者，照愈後面愈糟糕的老朽程度依序是：我本人、喬治、迪克（理查的外號）。彼得會殿後來回收莫留給老人家們的剩餘保護裝備。在較困難的第二段繩距，保羅會邊爬邊拖著一條自由垂著的尾繩，由莫將這條尾繩繫好在第一處確保點，如此等保羅在回程垂降下來時，他就可以拉這條繩索來完成橫渡。他們的計畫是在迪克與彼得登頂前，就讓領頭的兩名隊員開始下山並固定好垂降裝備。因為有六個人一起爬，所以速度很重要，畢竟當我們換好登山靴、整理好裝備、開始下行到海角時，時間已經來到上午八點四十五前後，而渡輪預定會在下午五點三十分來到島上的另一端接我們；這代表我們最晚必須在下午四點前回到老人的底部。

我們小心翼翼地從海角的頂端爬下陡峭而溼滑的草地，來到了把霍伊島本體連接到老人的小小突出處。要是你在那兒往大石頭上一躺，仰頭往上看，海蝕柱只有下半部可以映入你的眼簾，並且會看起來鼓鼓的，就像是個巨大而粗糙的手拉胚陶罐。天氣報告預測了會有太陽、陣雨與冰雹，外加平均風速在二十五到三十節之間，最大陣風可達四十節的西南風。從那底下去實際感受，天氣預報似乎低估了風的力量（事實上也真的如此），但其他的部分算是準確。雨確實在我們從萊克維克跋涉過來的時候下了一陣子，之後又下了第二陣，但如今陽光燦爛，海水也從混濁的灰色變成了力道十足的深藍。

放眼大西洋，柱狀的陽光像探照燈一樣移動在遠處的海面上；更遠一點，還有雨柱在下著斜斜的雨。惟好消息是東壁做為我們預定的路線，不會被風勢染指。

保羅檢查了他腰際的裝備架，然後帶上了看起來薄如蛋殼的白色頭盔。那玩意兒上

32 Egyptian PT，英軍中的俚語，意思是偷偷跑去睡覺。P指的是Pharaoh，也就是法老，T指的是Tomb，也就是陵墓，這是在比喻人睡覺的姿勢跟躺在陵墓中的法老很像。

頭有一些皺摺造型，後面還有一道騷包的小小帽緣。

「你這是哪門子的頭盔？」

「這叫法國尿壺式頭盔。我只是戴來讓莫不爽的而已。」

第一段繩距是要爬一道靠在霍伊島老人東南角上的八十英尺柱子。這段路很陡但難度不高，只不過質地奇特的砂岩感覺有點滑溜，所以明明已經被摸過幾百次甚至幾千次，但指尖下的觸感依舊稍稍有點不穩，你會覺得自己在摸裝飾小朋友蛋糕的染色糖粒。莫跟保羅在柱子頂端的岩階等待，那裡空間算是大，但也暴露在西南風的強勁風勢下。我立刻就獲得了確保，接著保羅就展開了有難度的第二繩距，而莫則負責給保羅送出繩索，並不時望出東壁的轉角來確認保羅的進度。在此同時，我帶上了喬治，喬治帶上了迪克，迪克又帶上了殿後的彼得，所以岩階一下子擁擠到像是上下班時間的客運，上面的各種裝備與亮彩的繩索多到像在過節。此時的莫已經到了下一段繩距的中途。

我對這條路線唯一讀過的描述，是出自克里斯．鮑寧頓之手，他是一名優秀的登山者，但並不以記憶力準確聞名。這樣的他對路線中的困難段落，是這麼說的：「向下橫渡一段空氣十分流通的距離後，你會來到一處小小的落腳處，那兒有方正的岩壁外懸做為其屋頂；一個有點尷尬的放手處可以供登山者將自己拉過到另外一個小岩階上，並在那兒重新找到平衡。」

「那兒就（只）有一個困難的地方，」莫在我離家出發前的電話中告訴我。後來在爬到一半的某個休息點上，他才想起要「補充說明」說那個地方是「不很好爬的三十英尺」。我一邊送出繩索，一面看著他往下爬了十英尺，然後小心翼翼地橫渡到一處岩壁外懸下方的凹槽，且過程十分絲滑，幾乎沒有任何暫停。他大喊著：「彎過轉角，這兒的邊上有一個很棒的側身[33]握點！」然後人就不見了。

繩索的輸出先是恢復了穩定，然後又突然停了感覺很長的一段時間。這部分應該沒有這麼難吧，我心想；肯定是保羅的裝備卡住讓他拿不出來。從遠遠的上面，也就是保

33 Layback，一種攀岩技巧，特點是手腳一拉一推，以相反的方向施力來前進，常用於只有單邊可施力的岩壁。

羅被確保在第二個休息點的地方，一個繩圈與岩壁保持著數英尺的距離，懸垂到了外懸處的上面。偶爾強風繞過轉角吹來，會把繩圈吹到幾乎變成水平的狀態。太陽來了又走。但每當陽光一照，霍伊島老人的長長身形就會在水面上躺成一條暗影，並指向遠處的一處岬角，至於浪花則會以雷霆之勢打在灘頭上，然後把彩虹甩回到空中。

我兩手中的繩索再次開始移動，只不過速度依舊極為緩慢。接著又是一次暫停，然後莫與我之間那條鬆垮的繩索被拉到繃緊。由於風勢與浪花在怒吼的影響，我們不存在用言語溝通的可能性，但在底下的大石上躺著的攝影師克里斯暫時放下了相機，擺動起手臂，意思是我應該要動身了。年輕的彼得·埃文斯窩在大岩階上較遠的角落，在套頭風衣裡摸來摸去，最終掏出了一支裹在鋁箔中的雞腿。他洋洋得意地揮舞起雞腿，並放聲大叫著：「自備午餐！這才叫人生！」

我踏出了岩階的舒適圈，繞過了轉角，離開了風的勢力範圍。雖然第一段繩距僅八十英尺長，但東壁底下的陸岬其實下墜得非常銳利，而且暴露在自然環境中的程度一口氣大幅增加：直下被海水所沖刷的大石頭，垂直高度起碼兩百英尺。我往下看了一眼，然後就專注在我鼻頭前的岩壁上。我非常小心地讓自己下行十英尺，去到了可以橫渡到凹槽的一整條小立足點前。這些立足點的間隔相當寬，且旁邊顯而易見的手部握點只有一個，那是在肩部高度一個小小的垂直狹縫。我把右手手指滑了進去，把自己往右拉了過去，然後把左手掌心朝外，放到了我原本放右手的地方，然後姑且找到了一個平衡的站姿。我可以看到在我右邊一大步的地方有一個立足點，但找不到可以放右手的地方。就在我頭頂上方有一個朝外傾斜的小岩階，上頭被有的沒有的東西覆蓋得密密麻麻，結果我把手搭上去一用力，右手手指就立刻一滑。我用手把岩階拍了個乾淨，重新試了一遍，並把左手手指移動到右手手指旁邊，開始如履薄冰地橫移。我的天啊。因為之前根本沒人提到過這段橫渡，而莫剛剛又叼著菸，好像在逛大街似地就移動了過去，所以我只能認定是自己爬得太爛。（跟我個頭一樣矮的保羅後來說，他覺得這段橫渡是整個攀爬過程中數一數二難的部分。）

我發現自己來到了一個上方有岩石外懸的凹槽——就跟鮑寧頓的描述一樣。其中右邊的岩壁上有一條狹縫。當我伸手去抓狹縫時，手指可以陷得很裡面，而且其邊緣的抓握力挺不錯。我拉住那兒，快速地把我的雙腳移到兩片不太明顯的岩階上，把左手擠到岩石外懸上面的一處裂縫，並在上方的邊緣處找到了莫之前提到過的側身握點。我就此繞過了外懸，在一處背後有個裂縫的陡峭角落腳邊找到了站姿的平衡。我心想，如果這個難關不過如此而已，那我這下子穩了。

就在我的鼻頭前，莫的紅藍色風衣跟保羅的牛仔布外套掛在了裂縫的岩釘上。他們竟然會在度過難關之後大費周章把衣服脫下來，感覺還挺奇怪的。我抬頭一看，就在十來英尺上方，我所站角落的各岩壁開始向內收束，變身為一個平滑的棺材狀無底煙囪[34]，煙囪頂端是一個水平突出大約四英尺的岩石屋頂。從莫那邊接到我這裡的繩索穿過此一外懸左邊的裂縫通了過來，跟岩壁保持有相當的距離。鮑寧頓的描述是錯的：這兒有兩個上有外懸的凹槽，而不是一個，而且真正不能開玩笑的，其實是第二個。

我像蟲一樣沿角落而上，直到頭盔摩擦到屋頂為止。接著我經過一番扭動，讓自己面向外面，然後我把自己卡在垂直的岩壁之間，開始評估整個局面。現在變成在左手邊的岩壁，是一片空白，唯一的例外是高高地在屋頂下方有一處小小的凹陷，或許可以用做為腳尖的踩點。另外一面岩壁上完全沒有施力點，但有兩圈繩環從上方的裂縫處垂盪下來。其中一條串在一個多半是首登者所留下的陳舊木楔裡，現在算算應該是十九年前；另外一條則是不久前被保羅穿進裂縫。我又休息了一下，向外瞭望起風景。西方石油派來的年輕人正站在岸邊的海角上，以很斜的角度頂著風站立。在下方的陸岬處，攝影師仍躺在巨石上，目光完全投射進相機的觀影窗。在我的左手邊，海水衝擊到岸上，碧水的背景映照著米白色的浪花。

我扭動著身體，讓身體重新面向岩壁。攀爬外懸岩壁的正確做法，是要把左手拳頭卡進有繩環從上方垂下的裂縫中，然後藉此把身體拉過外懸岩壁的唇部。但就在我嘗試這麼做的時候，我的手一直無法取得良好的抓握，以至於拳頭一直往外滑出來。我對自己說動作帥不帥不重要，重要的是要有進度。於是我同時握住了兩個繩環，開始用力拉，並試著把我的右腳腳尖伸到岩壁高處不太明顯的凹陷內。同時在外懸岩壁的左邊，

34 Chimney，指可將全身塞入並以類似爬煙囪動作攀爬的垂直凹槽地形。

與我眼睛差不多的高度，則有一個向外傾斜的立足點。上方有木楔卡在裡面的裂縫處看起來既寬敞又穩妥。我把左腳抬起並甩向外懸岩壁左邊的那個握點。但就在這麼做的同時，我的右腳滑出了並不大的凹陷處。我狼狽地靠著繩環退下來，重新把自己卡回到角落的岩壁間。我實在不覺得自己完成得了這一步。

我倒是知道自己需要的是什麼：用雙臂狠狠把自己往上拉一下，分跨在兩邊的左右腳盡量分開，接著使勁往上一動，最後在停在平衡之中。這完全是我的風格，就像莫說的，但他應該是想起了我們的往日時光。我心想，我應該要為此先訓練一下的。這完全不是可以隨便爬爬的地方，而我卻隨隨便便就跑來了。問題是到了五十來歲，你想訓練也只能隨便訓練一下。然後就在此時，我感覺到從上頭連到我身上的繩子變得跟石頭一樣硬。果然只要有莫跑在我前面一棒，我唯一的選擇就是繼續往上。

在我們出發前，我曾經在我的腰部吊帶上夾上了一只「牛尾」以防萬一，其本體就是一圈尼龍繩，並在其中一端附有一枚「菲菲鉤」(fifi-hook)。所謂菲菲鉤大概是人手指彎起來的大小，使用時將之套進岩釘或繩環，你的體重就可以獲得支撐，讓你得以休息。這是一種歐陸裝置，主要用於人工輔助（artificial aid）路線，也就是你在營釘與營釘之間進行的攀爬，在英國信奉自由攀登的純粹主義者並不很認同這一套。但我此時被卡在沒有握點的四英尺岩石外懸下面，由此我實在沒那閒工夫去擔心攀登倫理的問題。我又一次蠕動著往上，直到肩膀可以壓到屋頂，這讓我可以把菲菲鉤掛到其中一個垂在我鼻頭前的繩環上。我又休息了一下，讓自己如一袋煤炭似地掛在那兒，好讓手指能夠恢復感覺。然後，在我大部分體重由繩環支撐著的狀態下，我把右腳黏在小凹陷上，抓住另外一個繩環，然後以牛尾為樞紐，把自己抬起並繞過岩壁外懸的唇部，另外一隻腳則甩到左邊的高握點，最後是左手舒適地繞過上方裂縫處的木楔。感覺像是好幾個小時——實際上大概是十分鐘——以來的第一次，我再次找到了平衡的站姿。終於我往前倚靠著岩石，喘得像條老狗。往下一看，我能瞧見的只有海水在老人的基座處擺盪，而且距離我的雙腳好遠好遠。在我上面，岩壁裂縫一路直上，緩緩地向外懸，距離達到五十英尺。在裂縫頂端伸長脖子俯視著我的，是莫那張笑嘻嘻的臉。他揮起手來。

「注意繩子！」我大叫。

裂縫很寬，所以不太適合人用手卡在裡面，而其左右岩壁都微微向外鼓。但起碼這些岩壁上都偶爾會出現帶點坡度的岩階。我的雙臂因為與岩石外懸奮戰而充血膨脹，我的雙肩疼痛，手指感覺像熟透的兩串蕉。我出於無奈只得使用我的腳——乃至於我能擠出來的那一點點攀岩技巧。我暫且用被稱為「橋樑」[35]的技巧沿角落而上，設法盡量不做任何事情去加重我手指的負擔，同時間莫則不愧他向來的威名，始終把繩索繃緊得像大提琴的琴弦。

等我終於搖搖晃晃地上到他跟保羅之前確保過的岩階，他看著我毫無血色的面孔，露出了小惡魔般的笑容說：「我就知道你會喜歡的。」

「你跟我說只有一個難處。」

「我跟你說三十英尺。」

「我緊張錯地方了。」

「誰叫你要看鮑寧頓寫的東西。你這把年紀應該要聰明點了吧。」

保羅已經再度出發，開始在上方那些圓潤而看著帶點泥巴的岩石上移動。繩索送出去得很快，岩壁的角度看起來也變得比較容易，但那並不見得真的代表什麼。保羅個子小又瘦，並且看起來像個念過幾天書的海盜：一張黝黑而鬍子沒刮乾淨的臉龐之上有道高而窄的額頭；閃著幾分聰明的眼睛；一隻耳朵上戴著金耳環。他與莫曾經在隆冬時的南針峰[36]北壁待了三天，並創下了某種紀錄，但那並不是因為那兒的環境特別惡劣，而是因為他們出發時都有很嚴重的宿醉，結果導致他們在野營時一直睡過頭。保羅雖然看起來是真正的弱不禁風，感覺風一來就能把他吹走，但他爬起山來卻好像不費吹灰之力——集順暢、精準於一身，感覺就像他根本不把這當回事。他像是一頭身上的牽繩很長很長的灰狗，而莫——較為深思熟慮而且明顯力量大很多——則是那個在拉著保羅的狗主人。

35 Bridge，攀岩中一種常見的技巧。這種技巧涉及到使用身體（通常是手臂或腿部）來填充岩石裂縫的空間，藉此創造出一個穩定的支點來幫助人向上攀登。

36 Aiguille du Midi，直譯為「正午的針」，意思是從霞慕尼眺望南針峰，太陽會在正午時分正好抵達峰頂。南針峰附近就有歐洲第一高峰白朗峰。

當保羅在精挑細選他下一段繩距的走法時，我拉動了自己與後面另一個老頭子——喬治．邦德——之間的繩索。在下方的陸岬，攝影師為了讓喬治知道該出發了而揮動起手臂，然後他就又把眼睛放回到觀景窗後面了。「這是一趟很長的攀登，」莫說。「今天會很漫長，我們得加緊腳步。」只不過悠哉地在舒適的岩階上待著的我，最困難的部分已經過去，除了別讓與喬治之間的繩索鬆掉以外也沒啥事可做，於是我終於開始放鬆了下來。天色暗了下來，一陣大雨窸窸窣窣地降下。我拉起風衣的頭套蹲了下來，點起了菸斗。等菸斗順利點燃，陣雨也過去了。底下的海灣滿是蒼白而形狀模糊的一團團海草，看著就像腦漿似的，在海裡前前後後地擺盪，一會兒融合進了浪花的泡沫中，一會兒又重新出現。波浪的吼聲與風勢的嚎叫聲，將我們每個人都隔開在自己的世界裡。明明就坐在我旁邊的莫跟我要火，還得用喊的。等我再次環視四周，他已經又在下一段繩距的半途上，往保羅的方向爬過去了。

登山者對他們從事的這項運動有一種耐人尋味的東方態度：除非是遇到極端的狀況，否則他們更在意的是臉皮而不是性命。說起從岩壁上摔下去，他們想到的不是斷手斷腳，而是在同儕面前感覺很蠢。斷手斷腳只不過是外顯可見的傷勢，但真正讓他們受傷的是內心與精神面上的羞辱。登山者在山間你看我我看你的時候，最爽的事情莫過於看著別人出醜而幸災樂禍。所以雖然我應該要擔心的是自己的速度太慢，但我私心覺得鬆了口氣的是，喬治這個跟我同年紀的傢伙，在我後面像蝸牛一樣，而且爬一下就得休息好久。我偶爾會在上下都有人的夾縫中找出一些空檔來舒展一下我疼痛的手指，但前提是我在上面的繩索被莫給拉緊的同時，也把下面的繩索對喬治拉緊。那同樣，也是我、喬治、迪克三個老人家的某種默契。我們三個福祿壽爬這裡都是在越級打怪，所以重中之重是我們要別太突兀地相互幫助，因為我們三個人的面皮是綁在一起的。

在我們出發前，保羅曾經說過，「在大魔王繩距的頂端，有一個全世界最棒的確保點：一根大螺栓上面有五百萬條帶子繞著。」莫說，「等我們爬上去，那兒的帶子就會變成五百萬零一條。」那根螺栓毫無疑問地，是具體而微的地質登山奇景：一根直徑四英寸的小柱子把一處開放岩嘴的上下唇部橋接起來，而圍繞在柱子上的是一大團分屬不同年代與色彩的繩環：尼龍織帶、老舊的全重繩索段落、厚度不一而足的貝綸索。當中有些已經在那兒待了很久，久到日曬雨淋已經使其洗盡鉛華，變成了灰色而毛茸茸的狀態。每支隊伍都起碼貢獻了一條新繩環來做為垂降之用。我開始百無聊賴地數起了繩環，但才數到二十，喬治的白色頭盔就出現在了底下岩石外懸處的邊緣，他一臉吃力地抬頭看著我，眼神甚是嚴厲，似乎對自己看到的狀況不太滿意。他的臉暫且消失在岩石邊緣，但一隻手臂就像蝸牛的觸鬚一樣，盲目地摸索起了岩石裂縫中的木楔。我朝後壓上了繩索來吸收他的重量。又是一段暫停，然後繩索開始慢慢收進來，一點一點又一點。等喬治終於精疲力竭地把自己拉到確保點所在的岩階上，他臉上的笑容就像個小學生一樣。他只擠出了兩個字，「哇咧！」

接下來的兩段繩距以降低了很多的難度，穿過了有著泥巴質地但角度舒緩很多的岩石，而那些岩石也構成了老人的腰部。我一來到位在第三個確保點的莫身邊，保羅就又再度出發前往位於最後一段陡峭繩距腳邊的休息點。莫也去加入了他，然後保羅就登上了巔峰，又靠繩索下到了莫的身邊。同一時間我還在等著賽克斯（迪克）加入位於魔王繩距頂端的邦德（喬治）。賽克斯明明是我們三老當中體能最好的一個，但他卻跟那個偌大的岩石外懸處奮戰了最久——理由或許是他最堅持登山禮儀，所以才遲遲不肯去拉被留在那邊的兩個繩環。喬治跟我都沒有這麼講究，而我們能這麼想得開，一大原因便是外懸岩石下面不論發生什麼事情，都沒人看得見。

又一陣雨來了又去。我看著底下的攝影師拖著他重重的一大袋裝備，苦哈哈地沿陡峭的草地上到了霍伊島的海角。一爬上海角的頂端，他就臉朝下垮進了石楠叢裡，那兒有負責後勤管理的亞利克斯・布雷克－米爾頓在耐心等候著。

太陽短暫露了個臉，但隨即又在喬治跟我在第三個休息點會合時消失。隨著天色逐步變暗，我開始朝著最後一段繩距的腳邊爬去。這最後一道繩距是角落上頭一條輪廓十分工整的裂縫。那裂縫說多垂直有多垂直，並直直地通往巔峰，同時就像霍伊島老人上的每一樣東西，這段繩距看起來十分驚心動魄。只不過莫爬起這段路，就跟他在跑著上樓一樣快得很，中間只跨在角落兩側中間休息了一次，同時他還趁那時候朝下對我喊說：「這一段你肯定會喜歡！」這時天色又更暗了，冰雹開始像空氣槍的彈丸一樣砸下來。在沒有遮蔽的海角那兒，負責攝影與後勤的兩名旁觀者慘兮兮地湊在一起，兩人都背對著我們與風暴。

此刻我腰上的繩索一緊。我抬頭一看，望見莫在對我揮手，然後我因為冰雹敲在我頭盔上而低下了頭。但終歸這段繩距稱得上美不勝收：裂縫中有明確的握點，左右兩邊都有小小的岩階可供腳在上面搭橋。大約爬了十英尺，我突然被風勢往上一推。在其頂端的四分之三，這道裂縫俐落地切穿了整座塔，看起來就像有個巨人試著用斧頭把霍伊島的老人劈開一樣。從裂縫中看過去，我可以一路看到天上有冰雹厚如面紗，在大西洋上搖晃。

莫蹲在離塔頂只有幾英尺的岩階上。紅色頭盔、紅色風衣與藍色頭套的組合，讓他看起來就像個心情很沮喪的花園小精靈。

我說：「你登頂了嗎？」

「登了，」他回答說。「你請便。」

我爬上了塔頂，短暫地把我的屁股放在粗硬的草上休息。風在我四面嚎叫，而等我想要望向海面時，迎接我的卻是滿臉冰雹。回到岩階上，莫已經固定好了垂降用的繩索。「我們才一天就過完了一整年的天氣。」我說。

「就差沒下雪跟起霧了。」

「今天又還沒結束。」

「別跟我說——我們這樣只算爬完一半。」

「爬這兔崽子，這連一半都不算。」

莫把自己接到垂降的繩索上，俐落地盪了下去。他一抵達下方的休息點，保羅也緊接著垂降下去，簡直就像兩人在跑一場接力賽似的。

在此同時，喬治終於小心翼翼但也唉聲連連地，爬上了最後的裂縫。他在抵達瞬間看了一眼手錶，然後昭告起天下：「差四分鐘四點。」

「難怪他們這麼急。」

冰雹放緩了一些，但風仍未見頹勢。

「塔頂好像也沒什麼好玩的。」我說。

「但總是要有人這麼做，」喬治答道。「前人種樹後人乘涼嘛。」

他努力把自己抬起了最後幾英尺，上到了塔頂，然後在想把他吹下去的大風中蹣跚地繞了一兩分鐘。隔空在遠處的海角上，攝影師依舊可憐兮兮地為了與風抗衡而窩在那兒並背對著我們。這就是我們有出息的後人。但等喬治下到岩階後，他露出了我可以拿來暖手的熱切笑容。「真沒想到我們真的做到了。」他說。

垂降看似是所有登山程序中最帥的一種，但其實那也是最簡單的一種。登山者把一條（為了安全而）對折成雙層的繩子扣到一個確保繩環上，將之穿過一種連在腰部吊帶上，名為「下降器」的制動裝置——在英國，這種裝置通常是合金製成的八字形——然後滑下繩索，用左手在繩子上方穩住自己，右手從下方送出繩子到下降器中。在下滑的過程裡，登山者會用腳把自己從岩壁上踢開。對旁觀者而言，這看起來就像蜘蛛在讓自己從蛛絲上滑下，彷彿某種英勇的特技。但實際上，就連初學者也可以在幾分鐘內抓到這當中的訣竅，唯一的門檻就是他或她需要克服把自己發射到空中的恐懼感，還有就是要學會去信任自己的裝備。

從霍伊島老人的塔頂下來，前三次的垂降都算是簡單。唯一的問題仍舊是上來時那個巨大而困難的繩距。那裡不僅岩壁外懸顯著——以至於在下來的途中，我們會懸在離岩壁很遠的地方——而且還有一處跟來時一樣需要橫渡：面對著岩壁，我們鎖定的休息點會落在偏左二十英尺處。所幸保羅之前已經解決了這個問題，辦法是在爬這段繩距的時候拖著一條額外的繩索。他將這條繩子的頭連接到第二個確保點，而莫則把繩子的尾巴固定在下方，這麼一來在第一跟第二休息點的繩距之間，就出現了一條固定好的繩索。在下塔過程中，保羅會利用這條繩索導引自己下降，並拉著自己橫渡到位於下方的確保點。莫會在跟上之前先解開固定繩的這一端，然後保羅就會拉著他那端的垂降繩，直接把莫跟剩下的我們拉過去。

我抵達魔王繩距上方的休息點時，莫正準備好要離開。我們的新繩環已經被繞上那個巨大螺栓，加入了已有幾十個舊繩環的行列。莫用身體拉著繩環向外傾，為的是確認螺栓的安全性。

「你要幹什麼都行，就是不要過度蹦來蹦去。」他說。

說完他就開始往下爬，看不見人影了。兩分鐘後，我感覺到垂降的繩索變鬆了：他已經抵達了下方的休息點。

我扣上繩索並開始往下滑，期間我的雙腳只輕輕地接觸到岩石外懸上方那陡峭角落的岩牆。我發現自己並不如我想像中的緊繃，並且我還在外懸岩石的唇部暫停了一下，試圖讓自己獲致更好的平衡。接著我踏出到空中，繼續在自由的懸垂中往下滑。但就在這麼做的過程中，我稍微變得有點頭重腳輕。這導致我身體變得幾乎水平，且開始緩緩地打起轉。最終的結果是我變成背對岩壁，而且靴子的腳尖還直指著地面。我試著用左手把自己拉起來，但為了這麼做，我必須把往下通過下降器的繩子弄鬆一些；問題是，往下的繩子被想把我橫拉到休息點的保羅拉得很緊。我持續在微風中旋轉，就像在爐子裡轉動的串燒烤雞，而我的腳也開始——不急不徐地——愈翹愈高，高到了我的頭上。

「不要蹦來蹦去。」莫是這麼說的。但他可沒提到不能上下顛倒。有那麼漫長的一分鐘，我以為自己要在頭下腳上的狀態下，從吊帶中滑出去了。

「完全的愛[37]可以趕走恐懼。」他們說。那完全的恐懼就可以趕走疲累。我使盡左臂所剩的全部力量，勉強把頭拉到兩腳的軸心之上。靠著眼角餘光，我看到在休息點的保羅不可置信地瞪著我。他轉頭喊起了莫，「快來跟艾爾說該怎麼辦！他打橫了！」

原本還在大岩階上享福的莫突然一陣聲音飄了回來：他沒事幹嘛把腳抬起來！

他們倆合力拉起了繩索，並七手八腳地操弄起了我，讓我腳在前面地繞過轉角，上到了岩階。

我仰躺了下來，喘得跟海象一樣，同時我也終於認清了自己爬這種長距離的高難度目標，真的是太老了。我的左手因為剛剛用一隻手臂拉自己而幾乎麻木掉了，這會兒連把菸斗握起來點菸都做不太到。

莫故作凝重地看著我。「青年旅館會辦垂降競賽，」他說。「要是你能過關，他們就會頒發漂亮的獎章給你。」

等終於搖搖晃晃地站起身來，我才看明白自己剛剛出了什麼問題。在攀爬啟程的時候，我把的腰部吊帶固定在風衣跟北角（North Cape）牌外套外面，為的是可以在第一個

37 語出聖經《約翰一書》第四章第十八節：愛裡沒有懼怕；愛既完全，就把懼怕除去。

休息點的大風中等待多久都不會冷到。而在攀爬的過程中，我拉開了風衣與外套的拉鍊，讓這兩件外衣鬆開，但卻忘了把一起鬆開的吊帶收緊。後來在垂降時，腰帶處鬆開的吊帶就這樣從我的大腿上方滑落，改變了我身體的重心。

我說：「每場派對裡都需要一個小丑。問題是幹嘛非得是我？」

莫說：「我怕的是得帶著你的漂亮內褲跟粉紅襪子回去跟你老婆說，『艾爾沒撐過來。』」

我把安全吊帶拉起來重新弄緊，然後用繩索垂降下簡單的第一段繩距，至於另外兩個人則等在休息點，協助喬治通過困難的垂降。在陸岬上，我停下腳步回望起剛剛的攀爬路線。我讓目光往上、往上，再往上。我的脖子因此發出用力的咖答聲。我累到連為了登上了這頭野獸而感到開心都沒有力氣。彼得．埃文斯與迪克．賽克斯都還在最高繩距的腳邊整理繩索。他們恐怕還得搞很久。我身邊沒手錶，而太陽已經消失在雲後很久了。如果我們要趕五點半的渡輪，那這天色感覺也太灰、太晚了。我拿起一只裝滿了備用裝備的背包，艱辛地爬起了陡峭而溼滑的草坡要回到本島的海角上。等覺得那些還在霍伊島老人上的隊友看不見我後，我停下了腳步休息，並開始每幾步就停一會兒，然後就一路這樣回到了海角上。只可惜我在往上爬的過程中被莫抓包。「你的速度慢到幾乎看不出來在動，」他後來說。「我還以為自己在看日晷移動。」

克里斯．三上與亞利克斯．布雷克－米爾頓在海角上等著，三個詞形容他們倆就是又冷、又溼、又煩。我說的第一句話是：「現在幾點？」當時是下午五點十五分，而我們距離碼頭還有一個小時的路程。渡輪的船長同意了若我們趕不上五點半，他可以在六點半再來一趟，問題是其他人根本還沒爬完。（我可以看見繩索上的彼得在垂降第三條繩距，而迪克正準備要垂降過魔王外懸。）霍伊島上可沒有旅館，更沒有酒館，同時我們也沒帶上睡袋。我們頂多能期待在青年旅館的穀倉裡，度過飢腸轆轆而寒冷的一夜。

「我們最好找個車子來坐坐，」我說。

「用霍伊島老人當背景的團體照怎麼辦？沒照片我怎麼交差？」攝影師問。

「那啤酒加飯菜加舒服的床又怎麼辦？」

就在我坐著背對強風，吃起一些我事前包好的午餐時，他們不情不願地開始出發。

然後我也跟在他們身後，開始跋涉穿越沼澤。

那頗有長路迢迢之感。降雨讓路途比之前更加泥濘，搞得我接連摔得一屁股在土水上。就連通往萊克維克石屋的下坡路，走起來都彷彿永無止盡。又一陣大雨把我們淋成了落湯雞。然後夕陽現身，並一併帶來了一道鮮明而完美的彩虹，其一腳踩在東邊的丘陵上，另一腳落在萊克維克灣的海灘上。

引擎跟暖氣都發動著的廂型車在那等著。我都還沒問，布雷克－米爾頓就說了，「六點半了，但別擔心。我已經給海巡打了電話，他們七點半會來接我們。」

我坐在廂型車的後踏板上，繼續咀嚼著我剩下的午餐。其他人——體能強過我而對錯過船的焦慮也不輸我的他們——不到二十分鐘就都出現了。我們搭車橫越了霍伊島，並提早半小時抵達了碼頭。然後我們就坐在那兒聽著音樂，精確地說是聽廂型車中傳出的錄音帶破音，同時間落日餘暉慢慢隱沒，車窗上逐漸凝出了白霧。

莫用舊雪茄的屁股點了一根新的，然後心滿意足地說：「這好像工人搭的巴士喔。」

七點二十五分，我們全數下了車，拖著裝備上到了碼頭。最後一道光也在此時幾乎徹底消失，風勢再起，雨也又下了下來。燈塔從格雷姆賽島上射出的光柱閃過了港灣；再遠一點，在斯特羅姆內斯的西邊，幾盞燈閃爍在奧克尼主島上。船的身影仍未出現。我們在碼頭上踱來踱去，風衣頭套下的目光望穿了雨簾。布雷克－米爾頓每幾秒就會瞄一眼手錶，然後憂心忡忡地唸唸有詞。其他人都默不作聲。然後猛然間，渡輪出現在了我們身邊，而且距離還很近。一個黑色的輪廓亮著紅綠各一盞朝我們快速靠近的燈光，出現在昏暗的水面上。渡輪靠完港不到兩分鐘，我們已經連同裝備上了船，隨渡輪再度出了港，並在迅速發展成暴風雨的降水中起伏搖晃。在斯卡帕灣遠端的弗洛塔島上，西方石油那融入到地景中而在白天幾乎隱形的北海油庫，像座城市一般被點亮了起來。在甲板底下，渡輪的船艙中，三個老傢伙癱在了長椅上。他們已經累到說不出話來，不像莫與保羅還能在艙頂的梁柱上做著單手的引體向上，算是對登頂成功的慶祝。

隨著我們緩緩駛進斯特羅姆內斯的碼頭，莫開了口：「所以，你的老鼠還好嗎？」

「牠吃多了，」我答道。「我想牠剛撐死了。」

11

聖母峰
Everest

一共有十六名登山者，加入了一九八六年的英國聖母峰東北脊遠征隊——莫評論這隊名「唸起來很順口」。遠征隊的隊長是「布朗米」．史托克斯（"Brummie" Stokes）[38]，他曾經在一九七六年登頂聖母峰，當時他在下山時因為凍傷而失去了全數的腳趾。史托克斯是空降特勤團的士官長退役，而他的一九八六年聖母峰遠征隊裡有十名隊員當過兵，不是也參加過空降特勤團，就是曾經是皇家海軍陸戰隊。剩下的五名老百姓是莫、喬．布朗、比爾．巴克、克里夫．羅蘭茲，還有保羅．南恩（Paul Nunn）[39]。全數十五名隊員的入選，都是按照莫向來會套用在自身遠征時的原則：「他們要先符合特定的條件才會

38 本名約翰．史托克斯（John Stokes，一九四五～二〇一六），英國登山家，以一九七六年登頂聖母峰聞名。二〇〇四年獲頒大英帝國員佐勳章表彰他對登山運動的貢獻。

獲得垂詢。」他們的共通點是有大量——為了聖母峰——耗費多年累積的大山攀登經驗。喬在山間慶祝了他的五十六歲生日，而莫則在入山途中的北京滿了四十七歲。「有夠慘的，」他說。「我坐在那兒，對著一瓶啤酒，嘴裡唱著『祝我生日快樂』。其他人都去睡了。」

遠征隊在一九八六年七月三十一日從英國啟程，並取道北京與拉薩，在八月八日抵達了聖母峰腳下。只不過在當時，他們已經有過了一個很棒的瞬間，惟該瞬間發生的地點不是在聖母峰，而是在利物浦。大約在隊伍出發的半年前，他們在副隊長保羅．摩爾斯（Paul Moores）的老家聚會，為的是把必須先行貨運到中國的裝備打好包。晚間當東西都打包好了，他們便前往了當地的一間酒館喝啤酒，喝完後就三三兩兩地晃回到摩爾斯家，其中陸戰隊退役的山姆．羅伯茲（Sam Roberts）走在前面，比爾．巴克緊跟在後。羅伯茲一打開前門，一道陰暗的人影從他身邊衝了出來。羅伯茲大喊了一聲：「有賊，攔住他！」在發現登山樂趣前曾認真打過橄欖球的莫一個飛撲擒抱，把可疑男子撞倒在地，並將對方的手臂按在了背後。隨著霧裡晃出了其餘的登山隊員——十二個彪形大漢，且大部分都受過徒手搏鬥訓練——莫在疑似闖空門的男人耳邊咕噥著：「今晚算你倒楣。」那名後來因為私闖民宅而坐了十三個月牢的男人看到警察到場，簡直是如釋重負。

按照現代的標準，一個十六人的團隊實在有夠大，大到內含若干莫此前沒遇到過的缺點。「這種大團隊會讓人有點無法投入。你會發現自己長時間見不到四分之三的隊員。剛開始，比方說，喬、比爾、巴克、派蒂．費里尼（Paddy Freeny）跟我就為了建立前進營而離隊，而且這一去就是兩個禮拜，期間我們完全見不到其他隊員。事實上，我很享受那個過程，因為我們是在前往此前沒人去過的地方，一切都充滿了新鮮感。但在把前進營建好，並來到預定的一號營址不遠處後，我們就該下行去休整了。在返回基地營的途中，我們遇到了要上山的保羅．摩爾斯與山姆．羅伯茲。我們跟他們在交錯營地中相處了一晚，然後他們就繼續上山去設立一與二號營，而等我們再重新上到前進營的

39 全名保羅．詹姆斯．南恩（Paul James Nunn，一九四三～一九九五），英國登山家、作家及經濟史學家。曾於一九八〇年冬季挑戰聖母峰冬攀失利。亦曾與莫一同於電影《冰壁的女人》拍攝過程中擔任史恩．康納萊的替身。一九九四年任職英國登山協會主席。

時候，他們又已經在下山的途中。類似的過程會反覆發生。但這些隊友都是很值得相處的夥伴，而你唯一能和他們相處的機會，就是當天氣有很長一段時間不好，所有人都回基地營集合的時候。這時候你就會想，喔對耶，這次遠征還有他耶，我都忘了！對我來說，一趟遠征要是發生這種狀況，那感覺就像少了點什麼。」

大部隊的第二個缺點，是肇因於中國拒絕提供挑夫。莫又說了：「為了往最上方的營地裡放一瓶氧氣，你大概得從基地營搬二十趟東西。你需要固定在陡峭路段的繩索，需要做為中繼營地的帳篷，需要食物與燃料來做為這些中繼營地的補給，還需要為了到達最高營地而消耗掉額外的氧氣瓶，諸如此類的。為了放一個人到聖母峰頂，你會需要底部非常寬的『金字塔型支援』。等你計算出每個隊員需要搬多少趟東西後，你會發現過半的人都沒有這樣的體能，所以另外一半做得到的人就會需要搬更多趟。這是負擔非常大的工作。以前讀到中國人在一九六〇年代首次派隊遠征聖母峰北坡的時候，他們曾經動用三四百名挑夫，當時我笑到不行，但現在我明白了。這種人體馱運不僅枯燥乏味到極點，而且還會讓你在高度沒有增加的狀況下就耗盡體力。不聘僱挑夫除了剝奪雪巴人的工作機會跟讓你自己累死以外，不會有任何好處。同時這也會預示遠征的失敗，因為要是隊員們都跑去搬東西而搞得精疲力盡，誰會有精力去開闢路徑與攻上山頂？」

事實證明英國隊於一九八六年進行的東北脊遠征，在登上聖母峰頂的追求上失敗了，惟他們失敗的原因並不是沒有挑夫代勞。他們在大約兩萬四千英尺處建立了二號營，而帶頭的登山者在惡劣天候介入前，又在這個基礎上爬升了約莫一千五百英尺。「上頭除了降雪還有非常大的風勢，」莫說。「那不只是間歇性的強烈陣風，而是源源不絕的穩定強風。」他們在前進營等候了一星期，希望暴風能慢慢吹到沒力，不成之後他們又下到基地營去多等了兩星期。但強風始終不撓不屈。最終在只能吹鬍子瞪眼，無所事事了三個禮拜後，他們回到了山上，同時兩名登山者崔佛．皮令（Trevor Pilling）與哈利．泰勒（Harry Taylor）趁著天氣一段曖昧的緩和期，拚到了聖母峰懾人柱體的腳邊。然而此時風勢再起，他們不得不撤退。莫最後一眼看到聖母峰，是從返回拉薩的卡車中：「我回望了一眼，看到好像是煙的東西從峰頂的一處煙囪冒出來。那是從山頂被吹下來的粉雪，拖出一條五英里長的尾巴。八月份抵達時，我還以為我們有辦法完整看到

聖母峰北壁。照片左側即為東北脊。

北坡的一條條岩帶。但實際上聖母峰就像一塊聖誕節蛋糕，全身都是白色的。十月份離開時，山又變回了黑色。你會以為覆雪是冬天的事情，但事實正好相反。大部分的降雪都發生在季風時節，然後在冬天被吹走。」

事情的真相其實相當單純。一九八六年，喜馬拉雅的冬天早來了一個月，而在冬天，在高層大氣持續吹拂的噴射氣流從三萬英尺左右降至兩萬六千英尺。「噴射氣流決定了你可以登山的時間跟地點，」莫說。「當你頂著狂風的咆嘯在聖母峰上掙扎時，稍低一點的其他人可能在附近的山上享有頗為合理的氣候。在季風時節的之前與之後爬聖母峰，跟在噴射氣流降低的冬天爬聖母峰，是兩碼子事情。後者的氣候條件要嚴峻很多很多，所以你的裝備也要暖和很多很多——靴子、手套、羽絨衣、帳篷缺一不可。比起平時，爬聖母峰的生存難度突然高出了一大截。平時的聖母峰也不是開玩笑的，但比起你在真的很冷的時候遇到的狀況，前者爬起來真的相對輕鬆。我是說，遇到風真的很大的時候，你可能連想好好站著都得拚死拚活。想爬冬天的聖母峰，你必須等待氣候緩和的窗口，也就是噴射氣流稍緩的時候。但我們等了二十來天，這個窗口也不曾出現。」那一季，所有八千公尺高峰都受到冬天趕早的影響。在K2的山上，十三名山友因此陣亡。

聖母峰的東北脊上倒是無人傷亡，但也沒誰笑得出來就是了——即便這支英國隊的成員已經是精挑細選。確實，這整支遠征軍的組成迥異於莫平日的風格，所以我們並不完全清楚他為什麼會加入。「我去，是看在聖母峰的份上。」他說。「巔峰哪怕低個兩百英尺，我可能就會對這種大型遠征敬謝不敏，不論同行的夥伴再討我喜歡都一樣。但我總覺得能站上世界之巔，滋味應該會挺美。我不相信有哪個爬山的人對此心如止水。問題只在於在聖母峰上站那一會兒，值不值得那些精力的花費。那些現代作風的登山行程，我是說像那種半打年輕好手要一起無氧挑戰聖母峰的計畫，是不可能找上我的。我年紀不夠輕、體能不夠猛、技術不夠好，這些隊伍沒我的份兒。所以當布朗米對我遞出橄欖枝時，我的想法是有花堪折直須折，不然再過兩年，可能我自己都已經清心寡慾到不想去了。就當去了了自己一樁心願吧，趁現在我還上得了陣。再來說到在爬聖母峰的各條路線中，東北脊也是最吸引人的一條，因為那兒基本沒人爬，而且看起來有一定的難度。如果今天是只要走南坳的商業路線，我恐怕就會興趣缺缺。

「我有一個成見是做為一座大山，聖母峰很無聊，而第一眼看過去也沒讓我改變這種想法。我們驅車翻過了一處山口，那兒遠遠地可以看到一排山巔，且其中一座微微地出類拔萃。眾人有志一同地掏出相機，快門聲此起彼落，但我內心沒有一點悸動。然而你一上到山丘，這一切都會變得不同。聖母峰有其特殊的氣氛，一種其他山峰都沒有的氣氛，而且這種氣氛終究會讓你有所觸動。聖母峰天殺地大到你會有一種非爬她不可的感受。看著那些大片大片的岩石與冰塊，你會萌生一個想法是她的一小片側翼就大過我上到過的任何一座山稜。在你拉出距離並釐清那兒究竟矗立著什麼東西前，你甚至很難去理解聖母峰有多大的量體。比方說從一萬七千英尺處的基地營抬頭望向約莫在兩萬三千英尺處的北坳，你會意識到從北坳起算，上頭還有六千英尺才會到達山頂。惟由於在山上有很多透視法造成的前縮效應（foreshortening），所以從北坳到山頂的距離在視覺效果上，會只有你到北坳距離的五分之一，由此你會很難想像這兩段距離竟然等長。聖母峰的尺度就是這樣大到突破人的常識。她是一種宏偉至極的存在，是舉世無雙的龐大物體。我想就是因為如此，人類才會如此為其癡迷，才會欲罷不能，一次又一次地去而復返。惟就山論山，我並不覺得她是那種能逼出人極限的峻嶺。要比爬起來的激烈程度，加舒布魯才叫危險跟刺激，至少我是實打實，在加舒布魯山上耗費了大量的精神。就需要拚命的程度而言，聖母峰放鬆多了。她讓你倒抽一口氣的不是險峻，而是高度——是量體。你會在兩萬四千公尺處氣喘吁吁，然後突然想到：哇咧，我離登頂還差五千英尺！在東北脊的路線上，所有人掛在嘴上的都是聖母峰的尖峰，然後等你上去了，破關了，他們才會告訴你說，沒有喔，你距離登頂還有一千七百英尺的直線高度跟四分之三英里的前進距離。這聽起來好像不算太遠，但在兩萬八千英尺的高度上，這種距離已經稱得上是咫尺天涯。我是說，地表上也沒幾個海拔這麼高的地方。所以爬聖母峰絕不是翻過幾個尖峰處就搞定了。你還有一整天的路程要走。」

姑且不論山體的尺度非比尋常，我問，攀爬的過程有趣嗎？

「有些段落還行，」莫說。「但整體而言你會累到那些有趣的部分都要到了事後，你才會有力氣去品味。在攀爬的當下，你只會覺得那些部分都是在找你麻煩，因為那些部分一出現，就代表你得讓你腦筋動起來；你不能光是悶著頭，咚咚咚地往前走；你必須要開始動腦，而在那樣的高度上動腦，可不是件容易的事。只有事過境遷了，抬起頭回望你上到過什麼樣的地方，你才會意識到，喔，剛剛那段繩距還挺不錯的。在那樣的海拔上，面對著技術上的挑戰，你滿腦子只會想著怎麼排除障礙。反之山愈好爬，你的登頂之路也會愈輕鬆。所以說某種程度上，你會陷入天人交戰。出發前的你會挑選有趣的困難路線，但等你真正到了那些『有趣』的路段，身在高處的你會寧願這些路段不要那麼富有挑戰性。在沒有這麼高的正常山峰上，登山就單純是件令人享受的事情，所以你不會在內心有這麼多糾結。但海拔一高，你的行動就會變慢，思緒也會變慢。只有在停下腳步時，你才會覺得舒服，這點你自然清楚。但你也清楚自己若想要爬上這座高峰，唯一的辦法就是繼續前進。所以你必須不斷地與自己的內心抗戰。

「你內心的一個聲音會說，我再爬個一百步吧。然後另外一個聲音會說，不，我要爬兩百步。我一直都很擅長數數兒。第一次爬阿爾卑斯山時，我意識到自己要是一覺得很辛苦就休息一下的話，那我就會一直在休息。所以我給自己設定了目標。我會說，好，我再爬五百步。並且我會以五百步到得了為前提，鎖定山上的一個目的地。然而我沒有一次鎖定正確。每次我都是爬完了五百步，才發現自己離目的地還有大約一半路程。所以我就想說，好，那爬了五百步我也不休息，我要走到目的地再休息。為此我會走上一千步。然後我會想，接下來我就每一千步休息一次。但想也知道我會作弊。要是某一步踏出去後我沒有踩穩，我就會想說，欸，這一步是要算，還是不算呢？不，不能不算，因為奇數步一直都在左腳上。要是這步不算，整個系統就垮了。在我舉步維艱的同時，諸如此類的無聊想法會在我腦中跑來跑去。在聖母峰上，我數起步數的規模都很誇張。我知道從前進營出發穿越冰川，是多少步的事情；我知道往上走完第一段、第二段與第三段固定繩索，分別是多少步。我隨時隨地都知道自己確切處於什麼位置。我知道自己已經走了幾步，還得再走幾步。我會在腦子裡進行各種心算。我會算出自己已經度過了一天的多少，然後將之轉換成百分比。我會對自己說，要是我走了五十步，那就等於是上午工作量的百分之零點六。所以我會走完這五十步，然後在心裡想著，好，我還有百分之九十九點四的工作量要完成。我需要不斷地修正計算。要是下起雪，造成我必須開發新的路徑，那麼我的步伐就會變小，步數就會變多。這種狀況真的會讓我想罵一聲『豬！』，因為那等於是路線在我的心裡變長了！數數兒是我用來減少自己無聊的其中一招；數數兒可以讓你有事情要忙，可以幫助你打發時間。但我不覺得有其他人也這麼做。比爾．巴克說他一邊爬，只會一邊想著女人。

「沒有在數數兒的時候，我會幫自己測速，就像從食人魔峰走回來的那次那樣。數數兒或測速都是我用來確認自己狀況正常的辦法。須知在那樣的海拔高度上，確認自己的狀況正常是很重要的事情。在兩萬五千英尺處泡一杯茶，可以是一件兩小時的差事：你必須摸黑爬出自己溫暖的睡袋，置身四周可怕的環境，去切削下一些冰，然後徒手把冰放到鍋子裡。這一樣樣都費勁到你會對自己說，『該死的，我不弄了。』事實上『該死了，我不弄了』可以變成一句口頭禪，因為在高山上會讓你有這種感覺的，可以包括一百零一件瑣事——這些瑣事都是一些基本的活兒，像是保持你的睡袋乾爽。但要是你懶得做這些瑣事，你的狀況就會開始走下坡，而且是生理與心理一起。光是一座喜馬拉雅山峰的驚人量體，就能讓人一眼洩了氣。抬起頭一看到還有五、六或七千英尺在等著你爬上去，你的氣勢就會完全被壓過去。為此你必須要學會讓自己眼裡只有下一段繩距，並要求自己所有的爬法都符合規矩。對我而言，數數兒與測速度都有助於我專心在眼前的要務上。我是靠這些做法在維繫士氣。」

我問他覺得他會繼續參與遠征多久。他回答說：「我可以預見在未來某個時間點上，我會開口說出像『我受夠了，我應付不了了』的話。但那個時點還不是現在。我還有各式各樣的事情想去做，而這些事情不見得牽涉到大山上的困難路線。結合電影與登山的事業讓我很感興趣。同時我也挺喜歡能夠在喜馬拉雅山區晃來晃去，前往沒人踏足過的祕境，勘查那些還沒被開發的明星路線，然後你就可以跑去跟那些年輕人說，『這張清單給你們參考，可以讓你們省下很多力氣。』甚至還有一些八千公尺的高峰，像是布羅德峰（Broad Peak；海拔八〇五一公尺，世界第十二高峰），是我確信我可以等六十歲照樣走上去的。在大山山脈以外，世上也還有很多我想去的地方：蘇格蘭謝德蘭群島的富拉島（Foula）我在十年前去過、屬於丹麥的法羅群島（the Faroes）、我想舊地重遊的南美洲叢林，還有太平洋的一眾島嶼——我確信那兒還有許許多多不曾被人染指過的岩石。然後還有一些跟爬山八竿子打不著的事情。我想要回到阿拉斯加去試試那種狗拉雪橇的比賽，像是艾迪塔羅德。[40]再就是有個單人駕車環遊世界的紀錄是我覺得我可以輕鬆打破的。我計畫很多啦。畢竟好的體能不是只有一種標準。你想以一切盡量靠自己的現代阿爾卑斯式風格去攀登八千公尺的高山，那你自然得保持非常好的體能狀態，心理跟生理上都是。但如果你是想用老人作派散步上布羅德峰，那你對自己的體能要求就不需要那麼嚴苛。我想說的是，隨著年紀愈來愈大，你對各種目標也會慢慢放手。有些人會賭氣說：『爬不了最困難的路線，我就什麼都不爬了。』嗯，十五年前我會爬一些滿分十分算五分難的路線，現在我已經放寬標準，但我一點也不會覺得這有什麼。我想我遲早也是只能去爬一些老人走的屁路線，惟我不覺得那會有一個很明確的分隔線。我不確定那會以什麼樣的形式發生，我唯一能想到的就是有朝一日，我會變得百無聊賴，對什麼事情都提不起興趣。

「事實上我的志願是一種得理不饒人的天氣，那種你犯錯就會被懲罰的環境。那會讓我熱血沸騰。那當中的差別，就像是冬天在美國緬因州或夏天在義大利的名勝科莫湖

（Lake Como）玩衝浪板。一個叫做自我挑戰，一個叫做認命服軟，叫做你週末想找點事情玩玩。但每一年你都得要清空自己的系統，讓自己吃點苦頭。那會對你有莫大的好處。我覺得那是因為你每次能夠拿出什麼樣的表現，後頭總是會有一個大問號。人都會對自己有一個能力的評估值，而當哪天你達不到自己的期望時，誰都會被震撼到。可以輕鬆寫意隨便走走的時候，你會覺得自己身手還挺俐落的，但一旦遇到逆境，你就會意識到你已經完全不是你想像中的那個自己。但如果能主動把自己放到艱難的處境中，那麼你對自己的評價就會比較符合現實。這就是為什麼我喜歡餵鼠。那是一種給自己的年度健康檢查。其實，那隻老鼠就是你。至少是另外一個你。而餵食你這隻分身的就是你自以為是你的那個自己。這兩個你可以判若兩人，但當他們能幾乎重合的時候，你的感覺就是棒，棒極了。那隻老鼠會吃得飽飽的，而你也能帶著一種爽翻了的感覺離開。

40 Iditerod，全名是艾迪塔羅德狗拉雪橇比賽（Iditarod Trail Sled Dog Race），一年一度於美國阿拉斯加州舉行。參賽隊伍須有一名人類橇夫加十六條狗，從安克拉治附近出發，全長一千八百六十八公里，需時八到十五天。首創於一九七三年。

那是鮮少會發生的事情，但你必須持續餵食那隻老鼠、那個蠻人，那是為了你內心的平靜。而就算你去餵鼠，然後你失敗了，起碼你也不會在震驚中久久不能自已。反之在不知道自己是誰，也不清楚自己能力極限在哪裡的時候就嚥下了最後一口氣，我想不到還有什麼比這更悲哀的事情。」

二〇〇一年新版後記

Epilogue

聖母峰遠征完的幾個月後，安東尼夫婦趁著聖誕節跟兩個朋友，戴夫與琳恩・帕茲（Dave & Lynn Potts）去阿爾卑斯山滑雪。在聖誕節當天，莫在滑雪纜車上暈厥過去，幸好琳恩處變不驚加上迅速反應，才沒讓莫從纜車上掉下來，否則他可能脖子都會摔斷。經過檢查，醫師發現莫在腦部有顆腫瘤，為此莫被緊急送回到英國就醫。

我得知消息，已經是兩週後的事情，當時我正與英國版的編輯在檢查本書裡的各種證據，過程中我們打電話給莫，是因為關於書裡的一張插圖，我們有問題想問。他的岳母接起電話，跟我說了莫發生的事情。我感覺很不可思議，那個無堅不摧的莫，十四次遠征喜馬拉雅跟喀喇崑崙山脈都從七分之一的死亡率中活下來的莫，竟然會遭到癌症的偷襲。

一個禮拜後，我又打了通電話。這次是潔姬接的電話。他們已經在前一個星期四動完了手術，她告訴我，按照醫師的說法，術後跡象都還不錯。她的看法也與醫師所見略同：才到星期一，莫已經起身在醫院裡走來走去，順便做幾個伏地挺身與蹲下起立，甚至還有力氣跟護士小姐調情。此外他還花四十七分鐘寫完了《倫敦時報》(*London Times*)那難到令人髮指的填字遊戲。「我跟他說他做的那個一定特別容易。」潔姬說。

三天後，我有另外一個關於圖片標題的問題要問，所以我又一通電話打過去，這回我是從出版商的辦公室打去，而接電話的同樣是潔姬。「莫跟你講，」她說，「他就在旁邊。」莫開朗的聲音出現在電話上：「村裡的白癡報到。」我爆笑了出來，主要是出於我鬆了一口氣。「你再這樣笑，」他一本正經地說道，「我就要南下去倫敦罵人了。」然後他又補了一句，「我這樣的笑話還有好幾百個。」

「跟我說說醫生是怎麼說的。」

「跟平常差不多。我問了外科醫生，他在留在我腦袋內的那個洞裡做了什麼：往裡面裝補牆壁用的 Polyfilla 填充膠嗎？他答說，『非也，那個洞會自然而然裝滿你可以稱之為積水的東西。』」

他很抱歉不能在電話上多聊；他們四十五分鐘後就要出發回到阿爾卑斯山，這樣潔姬才可以多少滑到點雪。「我是要去做日光浴，」他說，但口氣不是很篤定。事實上沒過兩天，他已經陪太太在滑雪，而且滑的還是黑線。[41] 須知他十天前才動過長達四小時的大手術。又過了三個月，他就偕布朗米．史托克斯跟幾個哥兒們回到了聖母峰的東北脊上。我問了一個我們共同的朋友伊恩．麥克諾特－戴維斯（Ian McNaught-Davis），我想知道他覺得腦部手術跟高海拔放一起真的好嗎。綽號麥克的伊恩聳了聳肩說：「在山上做他喜歡的事情做到死，總贏過在醫院病床上發臭死掉。」

一九八八年的聖母峰環境比八七年更糟，所以莫從來沒有上到聖母峰頂。在那年結束之前，他的腦部腫瘤就又復發，他也再一次躺上了手術臺，就在第一次手術的十三個月後。很諷刺地名為「希望」的那家醫院位在曼徹斯特郊外的埃克爾斯（Eccles），也就是

41 在滑雪中，black runs指的是非常困難的滑雪道，適合專業的滑雪者。這些滑雪道通常位於山頂附近且十分陡峭（斜率超過百分之四十），且有些地方可能未經人工整理。

著名「埃克爾斯蛋糕」[42]的產地。麥克比我早一天去探望他，結果發現那地方簡直空無一人——前面的櫃臺沒人，走廊上沒人，所有的門都關得緊緊的。最終，有個穿著白色大衣的男人要從他身邊跑過，麥克做為一個兼具幽默感與存在感的大個頭，擋住了男人的去路。「所以現在是所有的病人都被治好了嗎？」他吼了一聲。我去探望的時候莫還呵呵呵沒有笑完，而他也確實還有好幾百個笑話沒用完，跟平常一樣一個接著一個。但他確實看起來十分憔悴。他的嘴唇縮了起來，他的嘴巴與下巴線條都不如原本圓潤，他的右眼半閉著，眼睛外圍也有一圈淤黑與腫脹。最後就是在他的頭部一側有一大片包紮好的外科敷料。他看起來就像個剛在擂台上被慘虐，但又馬上準備上去打第二回合的傢伙。

倒不是說他有提到過什麼病情。雖然他的預後很糟糕，而且他還準備要開始一系列的化療，但他還是煞有介事地講著要回到岩石上，要在下個月去參與在挪威的一項拍片工作：「那沒什麼，他們會用直升機把我載進載出。我要做的就是把攝影機握好而已。」

當然，他是在吹口哨給自己壯膽，而他自己也很清楚這點。但他也是在餵鼠。「每一年你都得要清空自己的系統，讓自己吃點苦頭；」他說過，「……因為你每次能夠拿出什麼樣的表現，後頭總是會有一個大問號。」所以他才會用那硬是不服氣的決心要拚一拚。他要餵食內心的蠻人，要一路拚到最後。莫有一種很善於自嘲的天分。有回他對一個看上的女生出了手，為此他輕聲在她的耳邊說道：「我不用很久，這妳是知道的吧？」這樣在男女關係上玩世不恭的態度，是他正字標記，用來面對這世間霍布斯式真相[43]的手法，那是他在繼母大腿上所學到的人生觀：既然人生如此不堪、野蠻、短暫，自然狀態又是如此極端地不快，那你最好的辦法就是實事求是地享受人生能給你的一切，簡單講就是要及時行樂。這一招在山裡對他挺管用，如今在這破醫院理他也只能將就。他的肉體被疾病狠狠揍了一頓，他的身子骨消瘦、面容凹陷，但他做為一個人依舊鬥志未減。你完全沒有辦法想像他會死。不論是他強大的意志還是他荒謬的世界觀，感覺都不

42 其實比較像是果乾餡餅，材料用會上葡萄乾、蘭姆酒、巧克力等，只是名為蛋糕。

43 英國哲學家湯瑪斯．霍布斯主張唯物論，他認為凡是能引起人類慾望的事物，就是善，而凡是足以引起人厭惡的事物，便為惡。

會對這一點坐視不管。

我在場時還有另外兩名山友也來看他，兩人都禿得差不多了，跟我一樣。莫瞇起眼睛研究起我們仨。「你們三個加起來，還湊不出一支畫畫用的毛筆。」他說。

從頭到尾潔姬都靜靜坐在病床的尾端，替他的腳按摩。

我與莫的最後一面，是在四個月後的一九八九年六月。那天是個炎熱的晴天，超適合登山的那種，不過你也可以察覺天氣的轉折點。我驅車上到山口朝蘭貝里斯而去的時候，斯諾登山還沐浴在陽光裡，但在山的後面已經有雲層挾帶著風雨在匯集。我抵達提恩懷菲儂的時候，到家提供服務的社區護理師正要告辭。人在樓上的莫靠在床上坐著，身穿上頭印著「聖母峰八八年」的T恤，看著電視上的一場板球比賽。他開起的各種玩笑涵蓋了他吃的一堆藥、這些藥造成的慢性便祕，還有護士剛剛開給他的救命浣腸劑。然後他咕噥起下個月要重返喜馬拉雅山的事情，還有他八月份的五十大壽派對要如何辦理——惟隨著嗎啡慢慢生效，他也在開始在半夢半醒間來來回回。

《餵鼠》一書當時已然出版，但他對其隻字未提。我想他是覺得成為書的主角有點不好意思吧，畢竟他之所以配合我的提議，或許只是因為我是他的朋友，而且寫作是我的生計。扮演一位英雄，不論是以多麼拐彎抹角的方式，都不是他的風格。那牴觸了他的愉悅原則：他登山只是為了跟朋友同樂，只是為了去到別人不曾去過的地方；他的人生等式中沒有名氣這個變數。我想還有一點也讓他略感困擾，那就是喜歡在背後咬人一口出了名的登山界會有什麼反饋。再就是他的朋友會怎麼看待這本書，更讓他尷尬到最高點。

那他聊了什麼呢？他聊到了喬．辛普森（Joe Simpson）甫出版的史詩之作《冰峰暗隙》（*Touching the Void*）。聽到我說我還沒有拜讀這本書，他一個甩腿下了床，走下了樓梯——而且一路搖搖晃晃，彷彿他覺得走路很困難似的。等他來到樓梯底部，藥效也正好再次發作，所以他好像一時間忘記了他去那兒幹嘛。他翻找起廚房、餐廳，還有在屋子後面他跟潔姬以前住過的臥室，努力要想起他想找的是什麼。最終他在客廳找到了辛普森的新書，將之交給了我，然後他重重地坐了下來，因為他實在也走不動了。

「你那隻老笨狗怎麼樣了？」他問了聲。

「走了。癱瘓了，也只能讓牠走。」

「牠的心情我懂。」

他點了一下方方的大頭，然後恍惚了一會兒。接著他吞下了一些藥丸，費勁地爬上樓梯，一語未發地回到了床上。我給了他一點時間安頓下來，然後上樓去說了再見。他虛弱地露出了笑容，但已經疲乏到說不出半句話。

莫過世在一九八九年八月十一日，也就是他五十歲生日後沒幾天，並在一週後下葬。（我當時跟客人一起被卡在義大利，為此我痛悔不已，代我前往的是我兩個很愛莫的孩子，路克與凱特。）四百人出席了他的葬禮，人潮多到南特佩里斯村的小教堂裝不下，直接滿到了外頭的墓園。潔姬本想朗讀捷克詩人米羅斯拉夫・霍爾布（Miroslav Holub）的《愛》（*Love*）一詩，但她實在力有未逮，因此代勞是他的父親：

兩千支香菸
一百英里遠
從一面牆到另外一面
長達一個半永恆的守夜
空白甚於雪

成噸的文字
陳舊如足跡
是一隻鴨嘴獸遺留在沙灘上的

一百本我們不曾寫過的書
一百座我們不曾建起的金字塔

掃攏的
灰塵
苦如
世界的開端

聽我一句
那真的很美

山友們，特別是英國的那些，都很小心地不要顯露出情緒，但詩唸到最後，已經沒有人不溼了眼眶，也沒有人不崩了嘴角的故作堅強。

隨著莫的木棺被降下至墓地，葛萊德勞[44]的山脊上出現了一個孤高的身影，俯視著蘭貝里斯山口。「我覺得那是莫，」麥克說，「回來最後笑一下這些人在忙什麼。」

——艾爾・艾佛瑞茲

44 葛萊德勞（Glyderau）山脈位於威爾斯的斯諾登尼亞地區，當中有葛萊德福爾（Glyder Fawr）與葛萊德法赫（Glyder Fach）等山峰，均有多條步行與爬行路線通往山頂。

meters FM1011

餵鼠
一種老派登山家風範
Feeding the Rat
A Climber's Life on the Edge

作　　者　艾爾．艾佛瑞茲（Al Alvarez）
譯　　者　鄭煥昇
選書策畫　詹偉雄
責任編輯　謝至平
行銷企畫　陳彩玉、林詩玟
封面設計　王志弘、徐鈺雯
內頁排版　黃暐鵬

副總編輯　陳雨柔
編輯總監　劉麗真
事業群總經理　謝至平
發 行 人　何飛鵬
出　　版　臉譜出版
台北市南港區昆陽街16號4樓
電話：886-2-2500-0888　傳真：886-2-2500-1951
發　　行　英屬蓋曼群島商家庭傳媒股份有限公司城邦分公司
台北市南港區昆陽街16號8樓
客服專線：02-25007718；02-25007719
24小時傳真專線：02-25001990；02-25001991
服務時間：週一至週五上午09:30-12:00；下午13:30-17:00
劃撥帳號：19863813　戶名：書虫股份有限公司
讀者服務信箱：service@readingclub.com.tw
城邦網址：http://www.cite.com.tw
香港發行所　城邦（香港）出版集團有限公司
香港九龍土瓜灣土瓜灣道86號順聯工業大廈6樓A室
電話：852-25086231　傳真：852-25789337
電子信箱：hkcite@biznetvigator.com
新馬發行所　城邦（馬新）出版集團
Cite（M）Sdn. Bhd.（458372U）
41, Jalan Radin Anum, Bandar Baru Seri Petaling,
57000 Kuala Lumpur, Malaysia.
電話：+6(03)-90563833　傳真：+6(03)-90576622
電子信箱：services@cite.my

一版一刷　2024年7月

ISBN　978-626-315-510-7（紙本書）
ISBN　978-626-315-507-7（EPUB）

售價　NT$ 450（本書如有缺頁、破損、倒裝，請寄回更換）

Feeding the Rat: A Climber's Life on the Edge by Alfred Alvarez

國家圖書館出版品預行編目（CIP）資料

餵鼠：一種老派登山家風範／
艾爾・艾佛瑞茲（Al Alvarez）著；鄭煥昇譯.
－一版.－臺北市：臉譜出版，城邦文化事業股份有限公司出版：
英屬蓋曼群島商家庭傳媒股份有限公司城邦分公司發行，2024.07
面；　公分.－（Meters；FM1011）
譯自：Feeding the rat : a climber's life on the edge
ISBN 978-626-315-510-7（平裝）
1.CST: 登山 2.CST: 傳記 3.CST: 英國
784.18　　113007350